궁극의 메뉴판

레시피의
비밀을 담은
서울 레스토랑
가이드

김필송·김한송 지음

시공사

Menu

양식 Western Cuisine

게살파스타 10 닭가슴살 요리 14 랍스터 18

먹물파스타 22 봉골레 파스타 24

비스마르크 피자 26 삼겹살 파스타 30 샐러드 34

생선 스테이크 40 스테이크 42 양갈비 50

연어 스테이크 54 오리 요리 56 토끼 요리 58

푸아그라 62 훈제연어 64 햄버거 68

한식 Korean Cuisine

갈치조림 72 돼지불고기백반 74 간장게장 76
갈비탕 78 비빔밥 80 곰탕 82 양곱창구이 84
안동국수 86 대구탕 90 삼계탕 92 추어탕 94
칼국수 100 우삼겹 102 돈가스 104 찜닭 106
주꾸미볶음 108 유황오리 110 과메기 112 함흥냉면 114
꽃등심 116 홍어 삼합 120 북엇국 122 복국 124
소금구이 126 불고기 128 부대찌개 130 떡볶이 132
궁중음식 134 된장비빔밥 138 콩나물국밥 140
한우구이 142 고추장 불고기 144 김치찜 146
낙지볶음 148 닭갈비 150 닭곰탕 152 메밀국수 154
평양냉면 156 장어구이 158 보쌈 160 빈대떡 162
샤브샤브 164 선지 국밥 166 순대 170 순두부 172
육회 174 청국장 178 콩국수 180 족발 182 막국수 184
생선구이 188 설렁탕 190

일식 Japanese Cuisine
가이세키요리 196   냉우동 198   돈가스 200   라멘 202
오꼬노미야끼 204   이자까야 206   일본 가정식 208
일식 도시락 210   우동 214   스시 216   참치회 220
카레 222   퓨전 일식 224   해산물 뷔페 228

중식 Chinese Cuisine
간자장 234   딤섬 236   바오쯔 240   볶음밥 242
삼선짬뽕 244   사샤육 246   북경오리 250
양꼬치 254   유린기 256   자장면 258   중국냉면 260
중식냉채 262   칠리새우 266   탕수육 270

디저트 Dessert
마카롱 274   메론빵 278   밀푀유 280   샹그리아 282
애플 타르틴 284   젤라토 286   초콜릿 288
컵케이크 292   팥빙수 294   푸딩 296

Manual

❶ 김치찜
❷ 한옥집 / 서대문 ❸

<small>Korean Cuisine</small>

❹ 옛 한옥 건물의 형태를 그대로 간직한 한옥집은 김치찜을 전문으로 하는 곳이다. 점심시간이면 길게 줄이 늘어설 정도로 단골손님 또한 두텁게 형성되어 있다. 과거 한 식품 회사에서 '누룽지 맛 사탕'을 개발하기도 했던 윤철 대표는 어린 시절 먹던 김치지짐을 떠올렸고, 그것에 착안해 김치찜을 만들었다고 한다. 가장 알맞게 익은 김치 맛을 내기 위해 여러 가지 시도를 거듭하며 김치에 이불을 덮어 껴안고 자는 식의 수고도 마다하지 않았다고. 반 년이 넘는 개발 과정을 거쳐 한 달 넘게 고객들에게 무료 미식 테스트를 마친 뒤 맛을 보완해 지금의 김치찜을 완성하게 됐다.

❺ 이곳에서 사용하는 김치는 충북 제천에 있는 김치 공장에서 전량 생산된다. 18℃ 이하에서 잘 담근 김치를 5℃ 미만에서 8개월간 저온 숙성시켜 익힌 뒤 고온에서 순간적으로 끓이는 것이 이곳 김치찜 맛의 비결이다. 이처럼 순간적으로 고온에 김치를 끓이게 되면 국물이 좀 더 시원해지고 시큼하면서도 칼칼한 맛이 사라진다. 여기에 질 좋은 국내산 생 돼지고기를 넉넉히 넣고 끓여 성인 남성 두 사람이 나눠 먹어도 충분한 양이 매력적이다.

❻ 주소 서울시 서대문구 냉천동 178 위치 서대문역 우체국, 하나은행 뒤편 주택가 골목 문의 02-362-8653 영업시간 10:00~22:00 휴무 명절 가격대 1만원 주차 불가능 ❼

❶ 요리 이름 ❷ 레스토랑 이름 ❸ 위치 정보 ❹ 레스토랑에 대한 간략한 소개와 주목할 만한 특징, 셰프 히스토리 ❺ 소개하는 메뉴의 특별한 레시피와 맛의 비법 ❻ 대중교통을 이용해 찾아가기 ❼ 1인 기준 가격 (2011년 1월 현재)

양식 *Western Cuisine*

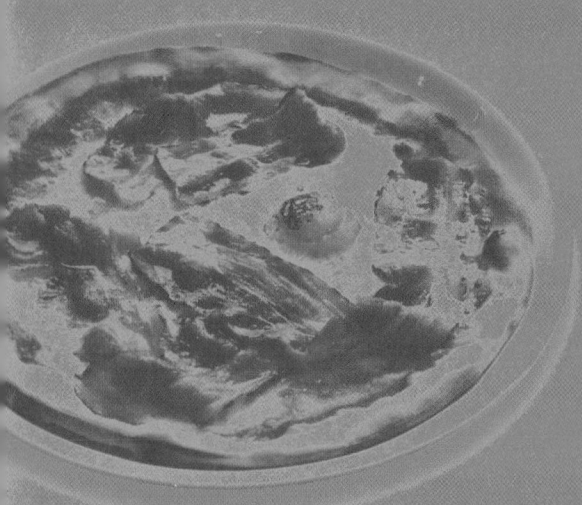

게살 파스타
코너스톤 / 대치동

western cuisine

파크하얏트서울 2층에 자리하고 있는 코너스톤(Cornerstone)은 각종 레스토랑 평가에서 항상 상위권에 선정될 만큼 국내 최고의 이탈리안 레스토랑으로 꼽힌다. 코너스톤에서는 익숙하게 맛보던 서민적이고 소박한 이탈리안 음식과 함께 프렌치 감성을 떠올리게 하는 섬세하고 세련된 요리도 선보인다. 참나무 화덕에 음식을 구워 한층 더 깊고 담백한 맛을 맛볼 수 있으며, 이탈리아 밀라노 출신의 셰프가 요리하는 역동적인 모습을 지켜보는 것도 큰 즐거움이다. 3000여 병의 와인을 구비하고 있는 와인 저장고는 보는 것만으로도 알싸한 향에 취할 정도다.

코너스톤 셰프가 자신 있게 추천하는 최고의 요리는 게살 파스타. 레스토랑에서 가장 많이 선보이는 스파게티가 아닌, 넓고 납작한 탈리아텔레(tagliatelle) 면을 사용하는 점이 특이하다. 달걀과 소금만을 넣고 반죽해 숙성을 거친 면발은 먹기에 딱 좋을 만큼 쫄깃하고 탄력이 넘친다. 게살 파스타는 탈리아텔레를 끓는 물에서 충분히 삶은 뒤 킹크랩 살을 넉넉히 넣고 센불에서 빠른 시간에 볶아 완성한다. 여기에 땅속의 다이아몬드라 불리는 송로버섯을 곁들여 한층 더 풍부한 향을 낸다. 개성이 강한 식재료들이 셰프의 손을 거쳐 자연스럽게 하나가 되는 모습을 볼 수 있다.

주소 서울시 강남구 대치동 995-14 파크하얏트서울 2층 위치 삼성역 1번 출구 파크하얏트서울 내 문의 02-2016-1220 영업시간 아침 06:30~10:30, 점심 11:30~14:30, 저녁 18:00~22:00 휴무 없음 가격대 3만원 이상 주차 가능

닭가슴살 요리
고릴라 인더키친 / 신사동

Western cuisine

탤런트 배용준 씨가 운영하는 것으로 유명한 고릴라 인더키친(Gorilla Inthekitchen)은 '헬시 레스토랑(Healthy Restaurant)'이라는 새로운 컨셉트로 다이닝 전쟁이 치열한 신사동에서 독보적인 위치를 확보했다. 이곳에는 13명의 요리 전문가와 체력 관리사, 영양사, 메디컬 어드바이저까지 참여해 맛과 영양이 풍부한 요리를 선보인다. 이곳에서는 메뉴 개발 과정만 1년 이상이 걸렸다. 덕분에 메뉴판부터 남다른데, 웬만한 건강 책자 뺨칠 정도로 식재료에 대한 깊이 있는 연구 결과가 고스란히 담겨 있다. 주요 식재료는 물론이고, 그 재료의 성분과 이를 통해 기대되는 신체적인 효과, 칼로리 정보가 나열된 메뉴판은 아마 이곳에서 처음 선보이는 아이템일 것이다. 근육 강화, 다이어트, 심혈관 질환에 좋은 이곳 추천 메뉴에는 단백질 양, 식이섬유량, 양질의 콜레스테롤 정보 등도 함께 명시되어 있다. 상주하는 푸드 컨설턴트와 트레이너를 통해 체크업(Check up) 룸에서 최신 측정 기기로 근육량, 지방량, 신체 발달도, 신진대사율, 혈당량 등을 측정한 후 본인의 몸과 목적에 맞는 식단과 운동법을 제안하는 신개념 레스토랑이다.

고릴라 인더키친에서는 버터나 크림은 요리에 쓰지 않는다. 대신 다양한 허브와 대체 재료로 맛을 낸다. 개업 당시부터 꾸준히 인기 있는 메뉴는 파인애플 닭가슴살 오븐구이. 닭가슴살에 길게 썬 가지를 말아놓은 뒤 그 위에 파인애플, 토마토를 얹어 굽는다. 퍽퍽한 닭가슴살에 파인애플을 곁들임으로써 달콤함과 부드러움을 맛볼 수 있어 미식가들 사이에서는 입소문이 자자하다. 버터와 크림을 사용하지 않았지만 충분히 감미로운 맛을 느낄 수 있으며 신선한 채소들로 맛을 조절했다. 당분과 염분의 사용도 1일 권장사용량에 맞춰 제한하고 정제 제품 대신 자연 대체 제품을 사용한다. 건강한 음식을 만들면서도 맛 역시 놓치지 않은 점이 놀랍다.

주소 서울시 강남구 신사동 650번지 연우빌딩 1층 위치 호림아트센터 뒤쪽 도산공원 정문 앞 문의 02-3442-1688 영업시간 11:00~23:30 휴무 없음 가격대 2만원 주차 가능

© Gorilla Inthekitchen

랍스터 라브리 / 종로

western cuisine

1986년 문을 연 라브리(L'abri)는 프렌치 레스토랑이다. 라브리는 '안식처'라는 뜻처럼 분주히 돌아가는 일상 속에 잠시 쉬어갈 수 있는 아늑한 공간으로 애초에 교보빌딩을 관리하는 교보실업에서 운영했다. 당시 교보빌딩에 입주해 있던 외국인 대사관 직원과 업체 관계자들이 외국에서 온 손님들을 접대할 곳이 없어 곤혹스러워하던 것을 해결하기 위해 생겨났으며 오픈 당시부터 정통 프렌치 요리로 미식가를 유혹해 왔다. 음식 맛도 훌륭하지만 라브리가 명성을 얻은 데는 수백 종에 달하는 와인 리스트가 한몫했다. 한쪽 벽면을 가득 채운 와인 저장고에는 세계 각국의 유명 와인들이 준비되어 있으며 바에서는 가벼운 종류의 칵테일을 즐길 수 있다.

1986년 문을 열 당시 이곳의 첫 주방을 맡은 알랭 부데 셰프는 프랑스 남부 니스 출신으로 라브리의 전체적인 맛을 수년째 조율했다. 당시만 해도 한국에는 없었던 정통 프랑스 조리 기법과 소스를 사용해 라브리는 국내 최고의 프랑스 레스토랑 중 한 곳으로 인정받았다. 특히 라브리에서는 해산물 요리가 주목받았다. 도미, 조개, 홍합 등 신선한 해산물과 셀러리와 당근을 넣고 끓이는 부야베스나 홍합 육수에 샤프란을 풀어 만든 홍합 수프는 많은 이들의 사랑을 받았다. 과거의 명성을 이어받아 랍스터 요리는 으뜸으로 평가받는다. 현재 라브리는 해외에서 많은 경력을 쌓은 장정기 셰프가 성공적으로 이끌고 있다. 그가 만든 랍스터 메뉴는 살아 있는 랍스터의 살을 발라 최대한 자극적이지 않은 소스와 곁들여 담아 낸다. 정통 프랑스 조리 기술에 따라 체계적으로 음식을 만드는 것이 특징이다. 메뉴가 나가기 전 고객 각각의 기호를 사전에 파악하여 최대한 개인의 기호에 맞게끔 음식을 담아 내기 위해 노력하고 있다.

주소 서울시 종로구 종로1가 1번지 교보빌딩 2층 위치 광화문역 교보빌딩 내 문의 02-739-8830 영업시간 점심 12:00~15:00, 저녁 17:30~22:00 휴무 없음 가격대 3만원 주차 가능

L'abri

먹물 파스타
미피아체 / 청담동

western cuisine

밀라노의 이탈리안 레스토랑과 비교해도 뒤처지지 않을 만큼 수준급 요리를 선보이는 곳이 있다. 바로 청담동의 미피아체(Mi Piace). 1년을 못 버티고 간판이 수시로 바뀌는 청담동에서 수년째 꾸준한 인기를 얻고 있는 미피아체는 '청담동의 음식은 화려하고 비싸다'라는 선입견을 깨뜨려주는 곳이다. 계절마다 해외 미식 도시를 다니며 새로운 메뉴를 구상하고 온다는 이곳의 대표의 정성 덕분인지 미피아체는 예나 지금이나 전통의 맛을 유지하면서 창의적인 면에 있어서도 뒤지지 않는다. 이곳의 실내는 불과 30석 내외 규모로 포근한 느낌이 든다. 규모는 작지만 조금은 어두운 조명 아래 편안한 실내 분위기가 느껴진다. 한편, 우아한 테이블 세팅과 세련된 서비스, 계절별로 새롭게 선보이는 신메뉴도 매력적이다.

편안한 유럽의 음식을 만든다는 미피아체에서는 푸근한 가정식 요리를 맛볼 수 있으며 제철을 맞은 식재료로 계절감을 살린 요리를 선보인다. 그중에서 가장 기본적인 파스타 요리는 지금의 미피아체를 있게 해준 원동력이라 할 수 있다. 특히 이탈리아 사람들이 원기를 회복할 때 즐겨 먹는 먹물 파스타는 이곳의 대표 메뉴. 진한 먹물 파스타는 담백하면서도 고소한 맛이 일품이다. 매일 아침 공수되는 해산물을 사용해 항상 신선함을 유지한다. 면을 볶을 때 먹물의 양을 적절하게 조절하는 것 또한 중요하다. 자칫 너무 많이 넣게 되면 비릿함이 느껴져 전체적인 맛의 균형을 깨뜨리기 때문이다. 오일을 두른 팬에 마늘을 볶다 갑오징어를 함께 넣어 익힌 후 화이트 와인으로 향과 잡냄새를 없앤다. 이후 면을 넣고 볶다 마무리하면 되는데, 면의 농도는 면수(면을 삶은 물)로 조절한다.

주소 서울시 강남구 청담동 97-22 삼영빌딩 1층 위치 갤러리아백화점에서 도보 20분 문의 02-516-6317 영업시간 점심 12:00~15:00, 저녁 18:00~22:00 휴무 없음 가격대 2만원 주차 가능

봉골레 파스타
플로라 / 삼청동

western cuisine

플로라(Flora)는 국내외 각종 요리 대회를 석권하며 인정받은 조우현 셰프가 문을 연 레스토랑이다. 그는 최연소로 양식 조리기능장을 획득했으며 독일, 홍콩, 태국, 싱가포르, 러시아 요리 대회 등 전 세계 요리 대회에 한국 국가대표 요리 팀장으로 참가해 한식의 세계화를 이끌고 있다. 얼마 전 6명의 요리사로 구성된 대한민국 국가대표팀을 이끌고 독일 요리 올림픽에 출전, 은메달과 동메달을 획득하기도 했다. 과거 특급 호텔을 근무하다 자신의 요리를 만들기 위해 일반 레스토랑으로 전향한 조우현 셰프는 여전히 플로라의 주방을 맡고 있다. 레스토랑 경영과 주방을 동시에 책임지는 오너 셰프의 역할을 훌륭히 해낸다. 얼마 전 삼청동 총리공관 앞에 플로라 2호점을 열었다.

"요리는 건강한 음식을 제공하기 위한 것이라고 생각합니다."라고 말하는 조우현 셰프는 신선한 재료를 바탕으로 이탈리안 요리를 만든다. 한결같은 맛으로 사람들의 입맛을 사로잡은 플로라를 대표하는 메뉴는 바로 봉골레 파스타. 열이 쉽게 식지 않는 두꺼운 접시에 담겨 나오는 봉골레 파스타는 조개무지가 연상될 만큼 조개를 가득 넣어 깔끔하고 시원한 맛이 일품이다. 조개 육수를 충분히 넣는 것이 맛의 비법이자 이곳의 인기 비결이다. 3분의 2 정도 삶은 면을 조개 육수에서 졸여 면발에도 진한 맛의 조개 향이 살아 있다.

주소 서울시 종로구 화동 138-14 위치 삼청동 정독도서관과 진해아트센터 바로 앞 문의 02-720-7009 영업시간 점심 11:30~14:30, 저녁 17:30~21:30 휴무 없음 가격대 2만원 주차 가능

비스마르크 피자
베네세레 / 가로수길

Western Cuisine

이탈리아어로 '건강'을 뜻하는 베네세레(Benessere)는 신사동 가로수길이 한적하던 시절부터 이곳을 지켜온 이탈리안 레스토랑이다. 맛집이 즐비한 곳이라 많은 레스토랑이 유행에 따라 생겼다 사라지기를 반복하지만 베네세레만큼은 예외인 듯하다. 이탈리아 밀라노의 유명 요리학교인 IPCA(Institute for the Promotion of Food Culture Headquarters Address) 출신인 김상민 셰프의 요리에는 시칠리아 감성이 그대로 묻어난다. 대학시절 식품영양학을 전공하고 청담동 파스타 전문점인 '마두'에서 처음 셰프의 길을 걷기 시작한 그는 파스타의 맛에 반해 과감히 이탈리아 행 비행기를 탔다. 3년간 이탈리아 전역을 돌아다니며 본고장의 맛과 식재료를 살피기도 했다. 그러던 그가 가장 주목했던 것은 시칠리안 요리이다. 이탈리아의 독특한 음식 문화가 잘 발달되어 있는 시칠리안 요리는 재료의 신선함을 살리고 소스나 향신료를 최대한 쓰지 않아 한국인의 입맛에도 잘 맞는다. 그의 요리 역시 재료 본연의 맛을 충분히 살려 곳곳에 섬세함이 묻어 있다.

베네세레에서 꼭 먹어봐야 할 메뉴는 비스마르크 피자. 독일의 초대 재상을 지낸 비스마르크의 이름과 같지만 음식의 기원과는 상관없다. 비스마르크란 이탈리안 요리 용어로 아스파라거스, 피자 요리 등에 달걀 프라이를 곁들이는 음식을 일컫는 말이다. 비스마르크 피자는 얇게 편 밀가루 반죽에 토마토소스를 바른 뒤 치즈와 프로슈토(돼지 뒷다리로 만든 이탈리아식 햄)와 달걀을 얹어 완성한다. 이때 달걀을 반숙으로 익혀 내는 것이 중요하다. 오븐에서 5분 정도 구우면 완성된다. 차분히 흘러내리는 달걀노른자의 진한 맛과 돼지고기의 짭조름한 맛이 바삭하게 구운 도와 잘 어울린다. 피자에 사용되는 모든 반죽은 요리사들이 직접 한다. 아쉬운 게 있다면 양이 좀 적은 편이다.

주소 서울시 강남구 신사동 532-8 예빙딩 2층 위치 현대고등학교에서 가로수길 방면으로 100m 직진 문의 02-3444-7122 영업시간 점심 12:00~15:00, 저녁 17:30~23:00 휴무 없음 가격대 2만원 주차 가능

삼겹살 파스타
안젤로스 파스타 / 신촌

신촌에서 가장 주목받는 비스트로인 안젤로스 파스타(Angelo's Pasta)는 홍대 앞의 'B901', '코르크 비스트로' 등 유명 레스토랑을 이끌어 낸 서창석 셰프가 오너 셰프로 첫 보금자리를 튼 곳이다. 이탈리아의 유명 요리학교인 ICIF((Italian Culinary Institute for Foreigner) 출신인 그는 졸업 후 이탈리아 현지에서 다양한 경험을 쌓으며 맛에 대한 배움을 얻었다. 한국으로 돌아온 그는 '파스타=비싸다'라는 공식을 과감히 깨뜨린 장본인이기도 하다. 한국에서 판매되는 파스타 가격의 거품을 제거한 이곳에서는 다른 곳에 비해 저렴한 가격으로 파스타를 즐길 수 있다.

취향이 다양한 젊은이들이 몰리는 신촌의 지역적 특성에 따라 안젤로스 파스타에서는 다른 곳에서 맛볼 수 없는 독특한 파스타를 만들어 낸다. 삼겹살 파스타, 항정살 파스타가 그 대표적인 메뉴다. '삼겹살을 먹다가 파스타와 함께 조리하면 어떨까?'라는 발상으로 만든 삼겹살 파스타. 토마토 소스로 간을 한 스파게티 면 위에 오븐에서 익힌 훈제 삼겹살을 얹어 낸다. 이때 삼겹살에서 자칫 돼지 특유의 누린내가 나기 쉬운데, 반나절 정도 향신료와 와인을 넣어 재우면 없앨 수 있다. 새콤한 토마토 소스에 두툼한 삼겹살이 어우러져 입에 착 감긴다. 한 손에는 파스타를 돌돌 말고 다른 한 손에는 칼질을 하면서 유쾌하게 음식을 즐기는 모습을 볼 수 있다.

주소 서울시 서대문구 창천동 5-11 지하 1층 위치 신촌과 이대 중간쯤의 명물거리 교차로 문의 02-312-0250 영업시간 11:00~22:00 휴무 없음 가격대 1만원 주차 불가능

샐러드
논나 / 가로수길

Western Cuisine

이탈리아어로 '할머니'를 뜻하는 논나(Nonna)는 이탈리아 시칠리아의 정겨운 음식을 만드는 곳이다. 이곳의 주방은 박찬일 셰프의 작품이기도 하다. 박찬일 셰프는 청담동의 '뚜또베네', 논현동의 '누이누이' 등 인기 레스토랑의 문을 열며 실력을 인정받았으며 현재 홍대 앞으로 진출해 신선하고 창의적인 요리를 선보이고 있다. 뜨거운 태양이 내리쬐는 시칠리아를 닮은 입간판에서부터 역동적인 기운이 느껴진다. 나무로 둘러싸인 테라스와 넓은 실내는 젊은 감각의 인테리어로 꾸며져 있어 가벼운 브런치나 식사까지도 가능하며 저녁이면 맥주나 칵테일을 곁들여도 좋을 만한 분위기가 연출된다.

건강한 시칠리안 요리를 담아 내는 공간답게 논나의 음식은 편안하다. 특히 샐러드는 외국의 시골 느낌을 고스란히 담고 있다. 듬성듬성 썰어놓은 토마토와 양파, 올리브 그리고 흩뿌리듯 뿌려놓은 파르메산 치즈가 집에서 맛보는 듯한 푸근한 인상을 준다. 각기 모양을 맞추기보다는 시골 할머니가 손에 잡히는 대로 음식을 담은 듯한 느낌이다. 손으로 뜯어놓은 루콜라, 로메인 등의 녹색 채소 사이에 큼직한 덩어리의 모차렐라 치즈를 듬뿍 올리고 블랙 올리브와 파르메산 치즈로 전체적인 간을 맞춘다. 아삭거리는 신선한 채소와 부드러운 치즈가 어우러져 짭조름한 샐러드에 노른자가 흘러내릴 정도로 익힌 반숙 달걀을 곁들이면 더욱 고소한 맛을 즐길 수 있다.

주소 서울시 강남구 신사동 534-18번지 위치 신사역 8번 출구에서 200m 직진 후 가로수길 중간쯤 문의 02-3443-1278 영업시간 12:00~23:00 휴무 명절 가격대 2만원 주차 가능

35

샐러드
아지오 / 홍대 앞

western cuisine

홍대 앞 테라스 카페의 원조격이라고 할 수 있는 이탈리안 레스토랑 아지오(Agio). 이탈리아어로 '편안함'을 뜻하는 아지오라는 이름처럼 이곳은 누구나 편안하게 오가는 레스토랑을 지향한다. 유럽 빈티지풍의 가구들과 천연 소재로 꾸민 실내는 조용한 교외에 여행을 온 듯 이국적인 분위기가 물씬 풍긴다. 안으로 들어서면 한켠에 자리 잡고 있는 참나무 화덕이 운치를 더한다. 이곳은 일찌감치 '제 고장에서 난 제철 음식'인 슬로 푸드를 지향하는 곳답게 최상의 유기농 식재료들로만 엄선, 사용해 왔다. 아지오의 셰프는 세계슬로푸드협회 회원으로 활동 중이다. 또한 건강과 환경까지 생각한 아지오만의 전통 조리 방법은 오랜 시간을 들여 음식을 준비하는 세심함이 엿보인다.

참나무 화덕에서 직접 굽는 이탈리아식 정통 피자와 유기농 채소 샐러드 덕분에 이곳을 찾는 이들의 발길이 끊이질 않는다. 특히 유기농 채소 샐러드는 아삭아삭 부드럽게 씹혀 밭에서 뽑아온 채소를 바로 먹는 듯 신선하다. 루콜라, 로메인, 비타민 등이 들어간 채소 샐러드에는 페타 치즈와 안초비(멸치의 일종)가 곁들여져 신선한 맛을 낸다. 머리와 내장을 제거한 안초비는 짭조름하면서도 고소한 맛을 내며, 샐러드에 주로 넣는 페타 치즈는 고급스럽고 진한 맛을 더한다. 특별한 조미 없이 올리브오일과 소금, 후추로만 간을 했지만 각 재료들의 어우러지는 맛이 충분히 매력적이다.

주소 서울시 마포구 서교동 364-14번지 위치 홍대입구역 5번 출구에서 도보 15분 문의 02-334-7311 영업시간 12:00~24:00 휴무 없음 가격대 1만원 주차 불가능

Agio

생선 스테이크
라싸브어 / 서래마을

서래마을 외딴 곳에 자리 잡은 라싸브어(La Saveur)는 정통 프렌치 레스토랑이다. 녹슨 간판, 지하 1층에 있는 것만으로도 레스토랑의 입지적인 매력은 떨어진다. 여기에 한국의 '작은 프랑스'라고 불리는 서래마을에서 프랑스 레스토랑을 운영한다는 것은 어찌 보면 모험에 가까울 수도 있지만 국적을 불문하고 많은 사람들이 이곳을 찾는다. 서래마을에서 살고 있는 프랑스 사람들 또한 이곳에서 식사를 하면서 정통 프렌치 요리를 맛본다고 할 정도로 칭송하는 데는 진경수 셰프가 있어서다. 프랑스의 유명 요리 학교인 르 꼬르동 블루(Le Cordon Bleu)를 수석으로 졸업한 진 셰프는 국내에 있는 그 어떠한 레스토랑보다 더 진중한 맛의 요리를 선보인다.

프랑스어로 '미각'이라는 뜻을 지닌 라싸브어에서는 진경수 셰프의 제철 재료로 만든 메뉴가 유명하다. 앞뒤로 탄탄하게 구성되어 있는 세트 메뉴는 단품 메뉴를 먹을 때와는 또 다른 감흥을 준다. 라싸브어에는 몇 가지 대표 메뉴를 제외하면 정해진 요리가 없다. 계절마다 나오는 식재료 중 가장 맛있는 것만 골라 요리를 만든다는 셰프의 요리 철학 때문이다. 그중에서도 제철 생선으로 요리한 생선 스테이크는 라싸브어가 자신 있게 내놓는 메뉴. 두툼하게 살이 오른 제철 농어는 뼈를 잘 발라 올리브오일만으로 팬에 굽는다. 오븐에서 굽는 데 비해 팬에서 잘 구운 생선은 육즙이 살아 있다. 특히 농어나 연어와 같이 살이 두꺼운 요리를 부드럽게 조리하는 솜씨는 월등하다. 여기에 조개나 아스파라거스로 만든 독창적인 소스가 생선 스테이크의 맛을 한층 더 탄탄하게 살려준다.

주소 서울시 서초구 반포4동 76-1 대경빌딩 지하 1층 **위치** 팔레스호텔과 방배중학교 사이 문의 02-591-6713 **영업시간** 점심 12:00~14:30, 저녁 18:00~23:00 **휴무** 명절 **가격대** 3만원 이상 **주차** 가능

스테이크
나인스 게이트 그릴 / 소공동

western cuisine

1924년 설립된 우리나라 최초의 프렌치 레스토랑 '팜코트'가 전신인 나인스 게이트는 2009년 2월 나인스 게이트 그릴(The Ninth Gate Grille)로 새롭게 변신했다. 과거부터 현재까지 시간의 흐름을 읽을 수 있게 포드 미국 대통령에서부터 권투 선수 무하마드 알리까지 이곳을 방문한 유명 인사들의 사진도 한쪽 벽에 걸려 있다. 레스토랑 내 별실마다 '서재필 룸', '팜 코트 룸' 등 역사적인 인물의 이름을 붙인 것이 독특하다.

나인스 게이트 그릴에서 사용하는 스테이크 주재료는 150일 동안 목축으로 기른 호주산 블랙 앵거스 쇠고기다. 한국으로 공수된 소는 곧바로 요리하지 않고 나인스 게이트 그릴 키친에 있는 숙성실에서 3일 동안 숙성 과정을 거친다. 이렇게 숙성한 쇠고기는 좀 더 식감이 도드라지는데, 고기를 씹을 때 뿜어져 나오는 육즙에서 그 맛의 차이를 느낄 수 있다. 미디엄 레어로 구운 스테이크의 속을 잘라보면 불그스름한 색깔을 띠고, 고기 표면 위로 작은 육즙이 올라온다. 이는 100℃ 이상의 온도에서 단시간에 구워야만 가능한 것으로 셰프의 실력을 단적으로 볼 수 있는 좋은 방법이다. 스테이크는 마지막 조리 과정에서 90% 정도만 익힌다. 그 이유는 고객에게 제공되는 시간까지 남은 열기가 나머지 10%를 채워주기 때문이다. 겉면은 거칠면서도 속은 부드러워 입 안에서 느끼는 식감은 최고다. 담백하면서도 달콤한 포치드 머시룸 소스와 함께 먹는 맛이 일품이다. 가염 버터에 마늘을 볶다 양송이버섯과 셀러리, 당근과 같은 채소들을 넣고 장시간 볶아 만든 소스는 고기 맛을 한층 더 탄탄하게 해준다. 가니시(곁들임 채소)로 장식한 구운 마늘과 꽈리고추는 한국 식재료에 프랑스식 요리 기술을 접목한 대표적인 메뉴다. 이처럼 나인스 게이트 그릴에서는 외국인 입맛에 맞는 한국 요리를 개발하는 데 주력하고 있다.

주소 서울시 중구 소공동 87번지 웨스틴조선호텔 1층 위치 을지로입구역 7번 출구에서 도보 10분 거리의 웨스틴조선호텔 내 문의 02-317-0366 영업시간 아침 07:00~10:00, 점심 11:30~15:30, 저녁 18:00~21:30 휴무 없음 가격대 3만원 이상 주차 가능

스테이크
테이스티 블루바드 / 신사동

western cuisine

2006년 문을 연 스테이크 전문 레스토랑 테이스티 블루바드(Tasty Blvd)의 인기는 현재진행형이다. 어디서나 주방을 바라볼 수 있도록 만들어 놓은 실내는 활기차고 역동적인 분위기가 느껴진다. 사방이 통유리로 막혀 있긴 하지만 고기가 먹음직스럽게 익어가는 불판과 셰프들의 현란한 칼솜씨를 여과 없이 지켜볼 수 있다. 지하에는 수백 병의 와인을 보유한 와인 저장고가 있고, 2층에는 개별 룸으로 되어 있어 프라이빗한 모임을 열기에 최적의 장소로 평가받는다. 이곳 주방은 얼마 전부터 강보선 셰프가 책임지고 있다.

'서울에서 가장 스테이크가 맛있는 곳'이라는 별칭이 붙을 정도로 테이스티 블루바드의 스테이크는 뛰어나다. 300일간 곡물을 먹고 자란 호주산 블랙 앵거스 소를 주재료로 쓰는데, 레스토랑에 저온 창고가 있어 60일간 숙성한 후 사용한다. 두툼한 두께의 스테이크와 구운 마늘 몇 알, 매시드 포테이토가 전부다. 선명한 그릴 자국이 인상적인 스테이크는 뜨겁게 달군 접시 위에 담겨 나온다. 참숯에서 구운 고기는 향긋한 숯 향과 촉촉한 육즙을 듬뿍 머금고 있다. 모든 스테이크는 미디엄 레어로 구우며 고기의 육즙이 밖으로 빠져나오지 않아 부드러운 육질을 느낄 수 있다. 으깬 감자와 버터를 넣고 부드럽게 섞다 겨자를 곁들인 매시드 포테이토는 자칫 느끼할 수 있는 스테이크의 맛을 보완해준다.

주소 서울시 강남구 신사동 643-2번지 혜강빌딩 위치 신사동 자생한방병원 근처 문의 02-6080-3332 영업시간 점심 12:00~15:00, 저녁 18:00~23:00 휴무 없음 가격대 2만 원 주차 가능

스테이크
파리스 그릴 / 한남동

Western cuisine

북쪽으로는 남산을 등지고 있고 남쪽으로는 한강을 바라보고 있는 그랜드하얏트서울은 서울 시내 특1급 호텔 중 최고로 평가받는다. 11개의 레스토랑과 바 중에서 고객들에게 가장 사랑받는 곳은 파리스 그릴(Paris Grill)이다. 150여 좌석과 프라이빗 룸도 여럿 보유하고 있어 중요한 모임이나 행사를 진행하기에 적합하다. 와인의 종류도 600여 종이 넘으며 연결된 파리스 바에서 다양한 칵테일을 즐길 수 있다. 정통 프렌치 요리를 선보이는 이곳의 주방은 수십 년간 호텔에서 실력을 쌓은 최병균 셰프가 맡고 있다.

파리스 그릴에서는 국내산 쇠고기는 물론 최고 등급의 수입산 쇠고기들도 사용한다. 수입산으로는 미국산과 호주산을 선보인다. 미국 CAB(Certified Angus Beef)협회에서 인증한 20개월 미만의 최상급 블랙 앵거스 쇠고기를 냉장육으로 공급받아 사용한다. 미국 내에서도 최고급으로 인정받는 블랙 앵거스는 사육사들이 소를 직접 마사지해 고기 단면에 마블링이 균일하게 분포되는 특징이 있다. 이렇게 균일하게 들어간 마블링은 조리 시 농후한 맛을 더한다. 블랙 앵거스는 주로 미국 내 최고급 레스토랑과 호텔에서 사용되며, 최고 품종이라 할 수 있다. 미국산 쇠고기를 사용한 메뉴는 블랙 앵거스 립아이 스테이크, 안심 스테이크, 등심 스테이크 세 가지인데, 그중 안심 스테이크가 단연 돋보인다. 미디엄 레어로 구워 먹는 것이 풍부한 육즙과 부드러운 맛을 가장 잘 느낄 수 있다. 1인분에 160g으로 성인 남성이 먹기에도 넉넉한 양이다. 안심은 한쪽 면만 센 불에서 익혀야 고기 육즙이 배어 나와 특유의 질감을 살릴 수 있다.

주소 서울시 용산구 한남동 747-7번지 그랜드하얏트서울 지하 1층 위치 녹사평역 1번 출구로 나와 건널목 건너 3번 마을버스 이용 문의 02-799-8161 영업시간 12:00~22:30 휴무 없음 가격대 3만원 이상 주차 가능

Paris Grill

양갈비
테이블 34 / 삼성동

뉴욕의 세계적인 레스토랑 디자이너 토니 치가 설계한 프렌치 레스토랑 테이블 34(Table 34)는 그랜드인터컨티넨탈호텔의 꼭대기 층인 34층에 자리 잡고 있다. 음식 맛도 맛이거니와 야경이 레스토랑 유명세에 한몫하는 곳이다. 2002년 기존에 있던 정통 프렌치 레스토랑인 바론스(Baron's)를 새롭게 단장해 문을 열었다. 기존의 중후한 분위기에서 현대와 소통하는 감각적인 느낌으로 인테리어를 바꾼 이곳은 메뉴 역시 현대적으로 재단장했다. 이탈리안과 프렌치 요리를 전문으로 하는 유럽식 레스토랑으로 깔끔한 인테리어가 돋보이며 프랑스, 칠레, 호주 등 세계 유명 와인을 비치한 와인 저장고 또한 볼거리다. 화려한 도심의 야경을 바라볼 수 있는 창가 테이블은 2인용 칸막이가 설치되어 있어 많은 연인들이 즐겨 찾는다.

테이블 34에는 34번째 테이블에 국내 최대의 와인 셀러(wine cellar)가 있다. 이곳의 34번째 테이블은 와인을 보관하기 위해 15~18℃를 유지하고 있어 들어가면 썰렁한 느낌이다. 음식이 빨리 식기 때문에 이 테이블에서는 식사보다 간단히 와인을 마시면서 치즈나 과일과 같은 후식을 즐기는 게 좋다. 미슐랭 스타 레스토랑 출신의 셰프 니콜라스 드 비시가 20년의 경력을 바탕으로 주방을 책임지고 있다. 테이블 34를 찾는 고객들이 가장 선호하는 메뉴는 양갈비 스테이크다. 살구와 콩을 포트와인에서 조린 뒤 그 위에 오븐에서 구운 양고기를 올리고, 마무리로 베이컨과 파슬리를 곁들인다. 호주산 최고급 램을 사용한 양갈비 스테이크는 분홍빛이 약간 사그라들 정도의 미디엄 레어로 굽는 것이 육질이 부드럽고 육즙이 살아 있다. 포트와인에 조린 콩과 살구는 감미로우면서 달짝지근한 맛을 내며 효과적으로 양고기의 담백한 맛을 더한다.

주소 서울시 강남구 삼성동 159-8번지 그랜드인터컨티넨탈호텔 34층 위치 삼성역 5번 출구 그랜드인터컨티넨탈호텔 내 문의 02-559-7631 영업시간 점심 12:00~14:30, 저녁 18:00~22:00 휴무 없음 가격대 3만원 이상 주차 가능

© Table 34

연어 스테이크
시즌스 / 남대문

western cuisine

밀레니엄서울힐튼호텔 내에 자리 잡은 시즌스(Seasons)는 1983년 문을 열 당시부터 국내 최고의 프렌치 레스토랑으로 평가받고 있는 곳이다. 시즌스의 주방은 힐튼호텔에서 한국인 최초로 총주방장에 오른 박효남 셰프가 이끌어가고 있다. 그는 실력을 인정받아 본사에서 파견된 외국인 조리사에게 총주방장직을 맡기는 관례를 깼다. 특히 1994년에는 싱가포르 국제 요리대회에서 5개 부문 금메달을 획득하는 등 요리에 있어 최고의 실력을 자랑한다. 1999년에는 대한민국 정부가 선정한 '신지식인'에 오를 만큼 후배 조리사들에게도 모범을 보이고 있다. 또한 한국에 거주하는 주한 대사들이 가장 선호하는 곳으로 꼽히며 시즌스는 음식뿐 아니라 서비스까지도 완벽하다는 평을 듣는다.

박효남 셰프 외에도 유럽으로 요리 연수를 다녀온 뛰어난 요리사들이 즐비한 시즌스는 까다로운 미식가들의 발걸음이 끊이지 않는다. 특히 계절이 바뀔 때마다 신선한 계절 재료로 새로운 메뉴를 선보이고 있으며, 시즌스를 자주 찾는 단골 고객들을 위해 1년에 4번 정기적으로 '미식가 만찬(Gourmet Circle)'을 통해 새로운 음식과 와인을 제공한다. 정통 프렌치 요리를 선보이는데, 모든 메뉴를 완벽하게 만든다는 평가를 받는다. 그중에서도 생선을 이용한 요리는 다른 프렌치 레스토랑보다 좀 더 뛰어나다. 특히 두툼한 연어살을 속까지 부드럽게 익힌 연어 스테이크는 오랫동안 많은 이들이 찾는 메뉴 중 하나다. 그릴에서 연어살을 3분의 2 정도까지만 구우면 남아 있는 잔열로 인해 속까지 부드럽게 조리되어 육즙이 겉으로 빠져나가지 않고 담백하면서도 촉촉한 맛을 유지하게 된다.

주소 서울시 중구 남대문로 5가 395번지 밀레니엄서울힐튼호텔 1층 **위치** 회현역 4번 출구로 나와 밀레니엄서울힐튼호텔 내 **문의** 02-317-3060 **영업시간** 점심 11:30~14:30, 저녁 18:00~22:30 휴무 없음 **가격대** 3만원 이상 주차 가능

오리 요리
오키친 / 이태원

western cuisine

오키친(Okitchen)은 푸드 아티스트 오정미와 일본 오키나와 출신의 프렌치 셰프 요나구미 스스무 부부가 운영하는 레스토랑으로 다채로운 음식을 즐길 수 있는 공간이다. 오키친은 오정미 푸드아트 인스티튜트의 부설 기관으로 이곳 졸업생들이 연구개발한 메뉴를 선보이는 점이 특별하다. 그날 아침 장을 봐온 식재료들로 요리하는 것은 물론 서울 시내 어느 레스토랑의 메뉴보다 참신하고 가정적이다. 요리에 대한 열정이 넘치는 졸업생들이 모여 만든 음식 연구소인 만큼 이곳에서는 정성이 깃든 요리를 거품 없는 가격으로 즐길 수 있다.

매일 아침 공수해 온 신선한 식재료로 만든 오키친의 요리 중 가장 일품은 프랑스에서 즐겨 먹는 오리 콩피(Duck Confit)다. 소금, 후추, 월계수 잎을 넣고 3일 동안 재운 오리 고기를 90~100℃ 정도로 달군 오리기름에 넣어 낮은 온도에서 오랫동안 뭉근하게 익힌 오리 콩피는 영양소를 파괴하지 않아 충분한 영양 섭취를 할 수 있어 건강에 도움을 준다. 함께 곁들이는 주사위 모양을 한 감자튀김 또한 오리기름에서 튀겨 더욱 고소하다. 식전 빵인 포카치아부터 메인 메뉴, 디저트까지 상당한 내공이 담긴 음식을 합리적인 가격에 맛볼 수 있다.

주소 서울시 용산구 이태원동 168-14번지 위치 이태원 해밀턴호텔을 바라보고 왼쪽으로 네 번째 골목 20m 안쪽 문의 02-797-6420 영업시간 점심 11:30~15:00, 저녁 18:00~21:30 휴무 명절 당일 가격대 2만원 주차 가능

토끼 요리
줄라이 / 서래마을

western cuisine

줄라이(July)는 서래마을에서 현대적 감각의 정통 프렌치 요리를 선보이는 레스토랑이다. 줄라이에서는 미국의 명문 요리학교인 ICE(Institute of Culinary Education)를 졸업 후 뉴욕의 여러 레스토랑과 호텔에서 실력을 쌓은 오세득 셰프가 고집 있게 만드는 건강한 요리를 맛볼 수 있다. 도산공원 앞의 '비스트로 디'에서 뛰어난 솜씨를 인정받았던 그는 지금도 변치 않는 솜씨로 많은 미식가들에게 호평받고 있다. 교통이 불편하지만 단골손님들이 많아 줄라이는 일명 '찾아오는 레스토랑'으로 통한다. 모던하면서도 따뜻한 분위기의 인테리어는 전체적으로 아늑한 분위기를 자아내며 프라이빗한 모임에도 적격이다.

줄라이는 1800년대 프렌치 조리법과 세계인들에게 익숙한 파인 다이닝 스타일을 추구하지만 한국의 식재료로 새로운 맛을 만들어 낸다. 기존의 딱딱하거나 무거운 프렌치 요리의 고정관념을 벗어던지고 심플하면서도 편안한 음식을 지향한다. 줄라이가 문을 열 당시 미슐랭 스타 레스토랑을 목표로 운영할 것이라고 했는데 여전히 그 약속을 지키고 있다. 매일 아침 산지에서 직송해 오거나 오세득 셰프가 매일 장을 보는 식재료로 메뉴가 결정된다. 모든 메뉴가 식재료의 맛과 셰프의 독창적인 느낌으로 재해석되지만 그중에서도 가장 주목받는 메뉴는 '토끼 요리'이다. 토끼 살코기를 3~4일 정도 숙성한 뒤 샬롯(양파와 비슷한 모양의 서양 채소)과 송로버섯을 볶아 둘둘 말아 굽는다. 여기에 고급 샐러드로 사용되는 값비싼 채소 아티초크를 넣고 여러 종류의 레드 와인과 향신료를 졸인 소스를 곁들인다. 뭐니 뭐니 해도 이 요리의 특징은 토끼 콩팥을 사용한다는 것이다. 토끼의 콩팥을 반으로 나눠 굽는데 농후한 맛과 향이 강하다. 특히 셀러리악(셀러리 뿌리)으로 만든 퓌레(부드러운 소스)는 진한 토끼 고기의 맛을 상큼하게 마무리한다. 기존의 요리에서 벗어나 고급스러우면서도 세련된 맛을 느낄 수 있다.

주소 서울시 서초구 반포동 577-20번지 위치 서초역 5번 출구로 나가 법원을 끼고 우회전한 뒤 계속 직진하다 왼쪽 문의 02-534-9545 영업시간 12:00~22:00 휴무 없음 가격대 3만원 주차 가능

July

푸아그라
더 스파이스 / 이태원

더 스파이스(The Spice)는 에드워드 권이 문을 연 캐주얼 다이닝 레스토랑이다. 테이블 보도 없으며 종업원들도 청바지에 스니커즈 차림으로 일할 만큼 자유로운 분위기를 자랑한다. 천장에는 에드워드 권의 대형 사진이 걸려 있으며 블랙과 레드를 활용해 만든 실내는 미래 공간에 온 듯한 세련된 느낌이다. 프렌치 요리에 다양한 식재료를 사용하는 것이 특징. 레스토랑의 이름인 'The Spice'는 Sexy(섹시), Passion(정열), Innovative(혁신), Creative(창의), Entertainment(즐거움)의 앞머릿글자에서 따온 것이다. '에드워드 권의 요리는 비싸다'라는 고정관념을 깨뜨리기 위해 만들었다는 더 스파이스는 비교적 합리적인 가격에 식사를 제공한다. 3개월에 한 번씩 메뉴의 구성을 바꾸며 단품 요리 없이 모든 메뉴는 5~7가지로 구성된 코스로만 제공된다.

이곳은 에드워드 권과 함께 '고든 램지'의 총주방장을 지낸 대런 보한 셰프와 '장 조지'의 밴쿠버 페이스트리 셰프 출신인 채드 야마가타가 함께하고 있다. 코스 요리 중에서도 가장 주목받는 메뉴는 바로 '팬에 구운 푸아그라(거위간)와 딸기 리덕션'이다. 세계 3대 진미라고 불릴 만큼 값비싼 푸아그라는 쉽게 먹기 힘든 음식이지만 이곳에서는 부담 없이 제공된다. 달군 팬에 가볍게 술을 살짝 뿌려 구운 푸아그라는 바삭하면서도 촉촉한 맛을 유지하는 것이 일품이다. 푸아그라의 진하고 부드러운 맛을 느끼기에 충분하다. 새콤달콤한 맛을 곁들인 딸기 리덕션(소스를 졸여내는 방법)은 자칫 느끼해질 수 있는 푸아그라의 맛을 한층 더 깊이 있게 해준다.

주소 서울시 용산구 한남동 729-45번지 위치 한강진역 3번 출구에서 이태원 방향 문의 02-749-2596 영업시간 11:00~22:00 휴무 없음 가격대 3만~5만원 주차 가능

훈제연어
포시즌 / 광장동

western cuisine

쉐라톤그랜드워커힐호텔 2층에 있는 포시즌(Four Seasons)은 기존의 뷔페가 가진 정형화된 이미지를 한번에 뒤집어 버렸다. 요리사들이 만들어놓은 음식을 선택해야 한다는 고정관념을 깨뜨리고 고객의 기호에 맞춰 직접 선택한 재료를 즉석에서 요리해주는 포시즌은 뷔페의 장점만을 살린 신개념 레스토랑이다. 총 9개의 열린 주방에서 요리사들이 고객이 원하는 메뉴를 그 자리에서 만들어주므로 맛은 물론 재료의 신선도 또한 믿을 만하다.

세련된 인테리어가 인상적인 포시즌은 그릴을 중심으로 30여 종의 메인 음식과 라이브 스테이션 메뉴가 준비되어 있다. 20여 가지의 한식 메뉴를 포함, 총 170여 가지가 넘는 메뉴를 선보인다. 다른 뷔페와 달리 '건강'을 생각하며 음식을 만들고 있다. 마, 토란, 세모가사리, 홍어, 마늘 등 국내에서 생산되는 고유 식재료들로 만든 건강한 메뉴들이 주를 이룬다. 그중에서도 가장 주목받는 음식은 훈제연어. 러시아에서 공수된 냉동 상태의 연어를 호텔 내 부처에서 가공해 훈제연어를 만든다. **수십 년 동안 이어져 내려온 쉐라톤워커힐호텔의 훈제 기술은 국내에서 타의 추종을 불허할 정도로 뛰어나다. 가운데 뼈를 발라놓은 연어를 훈제 기계에 넣어 훈연한 뒤 적당한 시간 동안 숙성해 최고의 맛을 이끌어 낸다.** 훈제연어는 냉장실에서 일정 시간 보관하며, 기간이 지난 후 사용되지 않은 연어는 모두 폐기할 정도로 연어의 품질을 엄격히 관리하고 있다. 이와 더불어 쉐라톤워커힐호텔 김치연구소에서 만들어 매일 공수되는 '수펙스(Supex)' 김치 또한 메인 메뉴와 견줄 만큼 비범한 맛을 낸다.

주소 서울시 광진구 광장동 21번지 쉐라톤그랜드워커힐호텔 2층 위치 강변역 또는 광나루역에서 호텔 셔틀버스 이용 문의 02-450-4466 영업시간 점심 12:00~15:00, 저녁 18:00~22:00 휴무 없음 가격대 3만원 이상 주차 가능

Four Seasons

햄버거
버거 프로젝트 / 삼성동

현대백화점 무역센터점 지하에 입점해 있는 버거 프로젝트(Burger Project)는 국내파 스타 요리사인 최현석 셰프가 만든 공간이다. '크레이지 셰프'라고 불릴 만큼 독특한 스타일을 선보이는 그는 기존의 수제 햄버거가 지닌 고정관념을 모조리 깨뜨렸다. 신사동 '테이스티 블루바드'에서 수백 종류의 음식을 선보여 온 최 셰프는 이곳에서도 실험적인 재료와 의외의 맛으로 조화를 이루는 버거들을 준비했다. 그는 버거에 요리를 접목했다는 의미를 알리기 위해 버거 프로젝트라는 이름을 지었으며, 브랜드 로고에서부터 조리복, 명함 디자인까지 모두 그의 작품이다. 백화점 지하 푸드코트에 자리 잡았지만 블랙과 화이트의 세련된 인테리어는 깔끔하면서도 고급스러움을 연출한다. 바 형식으로 구성된 자리에 앉으면 주문하는 즉시 패티를 굽는 것뿐 아니라 셰프들이 요리하는 모습을 모두 볼 수 있어 흥미롭다. 버거 프로젝트에서는 신선한 반죽을 직접 숙성시킨 뒤 구운 빵을 사용한

다. 패티는 3년간 국내 최고의 그릴 레스토랑에서 활약하던 셰프가 직접 굽는다. 말만 들어도 군침이 도는 조합이다. 호주산 블랙 앵거스 쇠고기와 한우 알등심의 지방을 적절한 비율로 섞어 만든 패티는 씹는 순간 육즙이 흘러나온다. 고소하면서도 부드러운 질감의 쇠고기 패티는 빵과 채소와 함께 어우러져 한 끼 식사로 충분하다. 이와 더불어 와사비 크림소스를 곁들인 통아귀살버거나 이탈리아 국기처럼 빨간색, 하얀색, 초록색으로 구성된 고추젤리버거는 보는 것만으로도 입맛을 돋운다. 특히 '차조기 잎'이라 불리는 시소를 듬뿍 갈아 넣은 시소 모히토는 버거와 최고의 조화를 이룬다.

주소 서울시 강남구 삼성1동 현대백화점 지하 1층 위치 삼성역 현대백화점 식품관 문의 02-552-2233 영업시간 10:30~22:00 휴무 백화점 휴무 가격대 1만원 주차 가능

한식 Korean Cuisine

갈치조림
중앙식당 / 남대문시장

Korean Cuisine

북적대는 남대문시장의 갈치골목은 외국인 관광객들도 즐겨 찾는 명소다. 1만여 개의 점포가 몰려 있는 남대문시장 안에서 갈치 전문점은 불과 10여 곳. 제대로 된 세움 간판도, 특별한 홍보도 없지만 점심때가 되면 길게 늘어선 줄 덕분에 중앙식당을 쉽게 찾을 수 있다. 1988년 서울올림픽 이후 이곳 남대문시장 골목에서는 갈치를 특화한 메뉴가 나오기 시작했고, 그 중심에 중앙식당이 있었다. 당시만 해도 갈치는 서민들도 어렵지 않게 즐길 수 있는 대중적인 생선이었다. 갈치조림은 점차 주변 직장인들에게 필수 점심 코스가 되었고, 갈치조림 골목은 지금까지도 남대문시장의 명물로 꼽힌다. 소박하지만 어머니가 해 주신 음식처럼 반찬 하나하나에 주인장의 정감과 배려가 묻어난다. 매일 식사 시간이면 문 앞에 일찌감치 자리를 잡지 못한 사람들로 길게 줄이 늘어서니 수십 년간 갈치조림만을 만들어 온 아주머니들의 내공이 절로 느껴진다.

점심때가 되면 양은냄비 수십 개가 가스버너 위에 올려진다. 바닥에 큼지막하게 썰어놓은 무를 깔고 간장과 고춧가루, 마늘을 넉넉하게 넣어 만든 양념을 부은 뒤 갈치를 넣는다. 갈치조림이 와글와글 한소끔 끓기 시작하면 불을 낮춰 양념이 갈치살에 촉촉하게 배어들게 한다. 대부분 가게에서 양은냄비를 사용하는 이유는 열전도율이 높아 양념의 맛이 단시간에 배기 때문이다. 그래서인지 갈치조림은 속까지 매콤한 양념 맛을 느낄 수 있다. 두툼한 갈치의 속살과 달보드레한 간장의 맛이 어우러져 전체적으로 매콤하면서도 개운하다. 그리고 냄비에 남아 있는 양념과 간이 잘 밴 무는 밑반찬으로 함께 나오는 김과 곁들여 먹으면 제격이다.

주소 서울시 중구 남창동 34-116 위치 남대문시장 갈치골목 쪽 문의 02-752-2892 영업시간 04:00~21:00 휴무 없음 가격대 1만원 주차 불가능

돼지불고기백반
성북동 돼지갈비집 / 성북동

우리나라 기사 식당의 원조라고 해도 과언이 아닌 성북동 돼지갈비집은 문을 연 지 40년이 넘었다. 오랜 세월 사랑을 받는 이유는 역시 맛으로 승부하기 때문이다. 식당에 들어서면 한쪽 구석의 화덕에서 활활 타오르는 불길에 자연스레 눈길이 간다. 대부분 고깃집에서는 1인분을 잘 팔지 않는데 이곳에서는 혼자 고기를 먹을 수 있다. 또한 속도가 우선인 기사 식당답게 이곳에서는 주문부터 음식이 나오는 시간까지 5분이 채 걸리지 않는다. 식사 시간이면 택시들이 식당 앞 도로를 점거(?)할 만큼 항상 붐빈다. 어느 곳에 있든 차들이 늘어서 있는 기사 식당은 대체로 가격도 합리적이면서 평균 이상의 맛을 유지하고 있다. 하루 동안 연탄만 40여 개 이상을 쓰고, 쌀은 한 가마를 사용할 정도로 많은 손님이 찾는다.

이곳에서 꼭 맛봐야 할 메뉴는 바로 '돼지불백(돼지불고기백반)'이다. 식사를 주문하면 초벌구이한 돼지불고기를 화덕에서 다시 한 번 구운 뒤 고기를 잘라 접시에 1인분씩 담아 내온다. 간장을 기본 양념으로 한 돼지불백은 다양한 과일을 넣고 만든 양념장에 하루 동안 재운 뒤 화덕에서 3번의 초벌구이를 거쳐 내오므로 기름기가 적당히 제거돼 깔끔한 맛이 난다. 연탄불에 구워 고소함에 쫄깃한 식감까지 기대할 수 있다. 이곳에서는 도축장에서 직접 고기를 공급받는데, 3일에 돼지 두 마리 정도를 팔아치운다고 하니 그 신선도를 짐작할 수 있다. 그 밖에도 전남 고흥에서 공수된 마늘 무침과 충남 강경의 조개젓 등 국내산 식재료로 만든 정갈한 밑반찬은 입맛 까다로운 택시기사들의 구미를 당기기에 충분하다.

주소 서울시 성북구 성북동 114-2 위치 삼선교에서 성북동 방향으로 직진하다 성북초등학교를 100m 지나 왼쪽 문의 02-764-2420 영업시간 09:00~21:00 휴무 첫째, 넷째 주 일요일 가격대 1만원 주차 가능

간장게장
진미식당 / 마포

Korean Cuisine

식탁 다섯 개로 시작한 진미식당은 얼마 전 두 배 규모로 확장했다. 충남 서산이 고향인 주인 모녀가 할머니의 손맛을 기억해 만든 음식이 바로 이곳의 대표 메뉴인 간장게장이다. 처음에는 간장게장 외에도 여러 메뉴를 판매했지만, 손님들의 뜨거운 반응 덕분에 간장게장 한 가지에만 집중할 수 있게 됐다. 별다른 홍보를 하지 않았지만 제대로 담근 게장 맛에 반한 손님들로 기다리는 줄이 끊이지 않을 정도다. 식당 안은 알 만한 연예인의 사인과 TV 프로그램에 소개된 자료 화면 사진으로 가득하다. 일본어 서울 여행 정보 사이트 '서울나비'에 소개된 이후 일본인 관광객들도 한국인만큼이나 많이 찾아온다고. 소규모로 운영되는 곳이라 미리 예약하지 않으면 한참을 기다려야 하며, 주말에는 가족 단위의 손님들이 많이 찾는다.

이곳에서 사용되는 모든 꽃게는 서해에서 공수된다. 40년 동안 대천·서산·만리포·소래를 다니며 꽃게를 잡아온 어부와 직거래하고 있다. 1년에 두 번, 6월과 12월이 되면 살이 꽉 차오른 꽃게를 구입한다. 10kg들이 상자 1000개를 구입해 영하 30℃에서 급속 냉동하며 이렇게 보관한 꽃게로 게장을 담그는 것이다. 양념간장은 간장에 게를 손질하다 떨어져 나온 다리와 생강, 양파, 대파, 무, 청양고추 등을 넣고 수 시간 동안 푹 고아 낸다. 이렇게 만든 양념간장을 식힌 뒤 게를 넣고 사흘이 지나면 손님상에 올린다. 달짝지근한 맛의 양념간장은 맨밥을 넣고 비벼 먹어도 전혀 자극적이지 않을 만큼 시원한 맛이 느껴진다. 간장게장 외에도 함께 먹는 반찬들 또한 먹음직스럽다. 다른 곳에서 나오는 흔한 반찬들과 차별화를 이뤄야 한다는 주인장의 마음가짐 덕분에 참죽의 새순을 말린 가죽나물이나 돌김과 비슷한 맛을 지닌 감태도 맛볼 수 있다. 또한 간장게장 국물에 늙은 호박을 넣고 끓인 '겟국지'도 이곳에서만 맛볼 수 있는 독특한 음식이다.

주소 서울시 마포구 공덕동 105-127 위치 마포경찰서 건너편 S오일 주유소 바로 뒤 문의
02-3211-4468 영업시간 11:00~22:00 휴무 일요일 가격대 2만5000원 주차 불가능

갈비탕
하녹 / 청담동

Korean Cuisine

가장 한국적인 맛으로 세계를 공략하겠다는 의지를 담은 하녹이 2005년 청담동에 문을 열었다. 하녹은 톱 모델 출신의 외식업체 최고경영자(CEO) 안도일 씨가 운영하는 곳으로 이탈리안 레스토랑 '일마레'에 이어 세련된 한식을 담아 내기 위해 만든 공간이다. '한옥'을 소리 나는 대로 발음한 '하녹'은 옛 한옥 분위기를 최대한 살리면서도 한국식 등심구이, 불고기 등과 어울리는 와인을 종류별로 구비해 놓았다. 기존의 한식당을 뛰어넘어 레스토랑이 가져야 할 품격과 전통의 미를 현대화한 공간으로 재해석한 하녹은 가장 한국적인 맛의 정통성을 고수할 뿐 아니라 세계를 향하고자 하는 맛과 멋이 어우러진 곳이다. 길게 늘어선 열린 주방에서 식사를 즐기는 것 또한 흥미롭다.

하녹의 주메뉴는 A^{++} 등급의 3년생 한우 암소 고기. 한우는 새끼를 1마리 정도 낳아 마블링이 가장 적절하게 이뤄진 3년생을 최고급으로 치는데, 하녹에서는 전라도 광주에서 키운 암소 고기만을 공수받는다. 그중에서도 하루에 10그릇만 판매되는 갈비탕은 줄을 서야 겨우 먹을 수 있는 특급 메뉴. 갈비 한 짝에서 나오는 양만큼만 만들기 때문에 이곳의 갈비탕은 다른 곳에서 맛볼 수 있는 갈비탕과는 차원이 다르다. 일반 갈비탕이 밋밋하면서 기름이 둥둥 뜨는 것에 반해 이곳의 갈비탕은 무와 대파를 넣고 깊고 시원하게 끓여 담백하고 국물이 뽀얀 것이 특징. 갈비탕의 국물이 깔끔한 맛을 내려면 은근한 불에서 장시간 끓여 여러 번 고기의 기름을 제거해야 할 정도로 손이 많이 간다. 정성을 쏟는 만큼 맛이 달라지는 이유다. 고기의 살은 부드러우면서 쫄깃한 식감이 그대로 살아 있다.

주소 서울시 강남구 청담동 100번지 루미아빌딩 1층 위치 청담동 청담초등학교 정문 앞 문의 02-3445-7857 영업시간 11:00~23:00 휴무 없음 가격대 2만원 주차 가능

비빔밥
고궁 / 명동

한국을 대표하고 한국을 찾는 외국인들이 가장 선호하는 음식인 비빔밥. 서울에서 제대로 된 비빔밥을 먹기 위해서라면 비빔밥 전문점 고궁을 찾는 것이 가장 현명한 방법이다. 1999년 문을 연 이곳은 명동을 찾는 수많은 일본인 관광객들이 꼭 한 번 들르는 까닭에 한국인 손님보다 외국인이 더 많은 편이다. 한국적인 정서로 가득 채운 실내장식은 외국인들에게 특별한 경험을 선사한다. 여기에 총 100여 석으로 구성되어 있는 실내는 많은 손님들을 단체로 받기에 충분한 규모다.

평양냉면, '장국밥(개성의 탕반)'과 함께 조선의 3대 음식으로 손꼽히는 비빔밥은 예부터 지위 여하를 막론하고 누구나 즐겼던 음식이다. 그중에서도 임금이 드셨던 비빔밥은 '골동반(骨董飯)'이라고 일컫는데, 그러한 골동반을 고스란히 맛볼 수 있는 곳이 고궁이다. 비빔밥은 쇠고기 국물과 콩나물을 넣어 지은 밥에 황모물, 육회무침 등 10여 가지의 나물을 올린 뒤 황백지단으로 마무리했다. 나물은 당일 가장 신선하고 계절에 맞는 채소로 무쳐 어느 것 하나 흠 잡을 게 없다. 그중에서도 콩나물과 황포묵은 매일 전주에서 공수되며 '전주십미(全州十味)'로 이름난 전주 콩나물의 연하고 고소한 맛을 즐길 수 있다. 과거 임금의 수라에 올랐던 것과 같으며 따뜻한 온기를 오랫동안 유지하기 위해 유기 그릇에 담아 제공된다. 맛뿐만 아니라 붉은색, 녹색, 노란색 등 오방색으로 꾸며져 전통적인 아름다움까지 느낄 수 있게 해준다. 신세대 취향에 맞춰 치즈, 열무 등을 곁들인 다양한 시도도 돋보인다.

주소 서울시 중구 충무로2가 12-14 위치 명동역 10번 출구 세종호텔 뒤 일방통행 길 오른쪽 문의 02-776-3211 영업시간 11:00~22:00 휴무 없음 가격대 1만원 주차 불가능

곰탕
하동관 / 명동

이보다 더 전통을 고수하는 곳이 있을까? 명동에 자리 잡은 하동관은 1968년에 물려받아 41년째 국솥을 지키는 동안 그 며느리도 이제 훌쩍 나이 들어 할머니가 되었을 정도로 전통을 유지하는 곳이다. 2007년 6월 1일, 서울 청계천 일대 도시재개발 사업으로 인해 70년 가까이 자리를 지키던 곳을 명동으로 옮기게 되었지만 수십 년 동안 함께했던 모든 것을 고스란히 가지고 왔다. 고(故) 박정희 대통령부터 김영삼 전 대통령까지 수많은 정·재계, 문화계 사람들이 이곳의 단골손님이었다. 특히, 고(故) 박정희 대통령이 제주도 초도순시 때 헬기로 30인분의 곰탕을 고수해 점심 식사를 했다는 이야기는 아직까지 전설로 남아 있다. 하동관에는 저녁 장사란 없다. 매일 한우 암소 한 마리 분량의 음식만을 준비하는데, 이것이 모두 떨어지면 문을 닫는다. 보통 아침 7시에 문을 열어 오후 4시경이면 영업이 끝난다. 곰탕이 떨어지면 영업을 마무리하므로 손님이 몰리는 휴일에는 정오에도 문을 닫은 적도 있다.

하동관이 명성을 얻게 된 맛의 비결은 바로 정직함이다. **쇠고기 양지와 사골, 내장만 넣고 푹푹 삶으면서 수시로 기름기를 걷어 내는 것이 하동관 곰탕만의 비법이다.** 또한 마늘과 생강을 넣지 않고 국물을 우려내는 것으로도 유명하다. 직경 1m가 넘는 커다란 가마솥에는 보통 200인분 정도의 양을 끓인다. 60년이 넘게 한 곳에서 키운 한우 암소 고기만을 사용했으며, 배추는 강원도 고랭지, 무는 제주도산만을 사용한다. 60년이 넘게 곰탕의 맛과 함께 변하지 않는 것은 깍두기의 맛이다. 새우젓, 고춧가루, 소금, 설탕만을 넣고 만든 서울식 깍두기는 3일 정도 숙성을 거친 뒤 상에 올리는데 변함없는 맛을 자랑한다. 아삭거리는 질감이 그대로 살아 있고 양념 맛도 과하지 않으며 깔끔하다. 차게 해 올리면 감칠맛을 한결 더한다. 놋그릇에 담겨 제공되는 한 그릇의 양이 부족하다 싶은 사람은 수육을 추가해 먹으면 되고, 곰탕이 느끼하다 싶으면 깍두기 국물을 부어 맛을 조절할 수 있다.

주소 서울시 중구 명동 1가 10-4 위치 을지로입구역 5번 출구, 우측 일방통행 길로 50m 직진 문의 02-776-5656 영업시간 11:00~16:30 휴무 첫째, 넷째 주 일요일 가격대 1만 원 주차 불가능

양곱창구이
곰바위 / 삼성동

우리나라를 대표하는 양곱창구이 전문점, 곰바위.
1983년 문을 열 당시엔 자그마한 가정집을 개조한 것이었는
데, 현재는 4관까지 확장해 총 좌석 수가 400석에 이르는
대규모 레스토랑으로 성장했다. 그만큼 수많은 단골손
님을 확보하고 있다는 말이다. 화력 좋은 참숯에 직화
로 굽는 이곳의 양곱창은 각종 양곱창 전문점들의 벤치
마킹 모델이 될 정도로 그 맛이 뛰어나다. 특히 수냉식 로스
터를 설치해 양곱창구이 전문점 특유의 연기와 냄새를 최소화하기
위한 노력도 돋보인다. 소주에서부터 와인 리스트까지 양곱창에 잘 어울릴
만한 다양한 주류도 구비돼 있어 간단한 모임이나 각종 회식 자리를 열기
에도 제격이다.

과거와 달리 양념한 대창구이가 대세인 요즘 정통 곱창구이를 즐기기 어
려운데, 곰바위에서는 제대로 된 한우곱창구이를 즐길 수 있다. 정성스럽
게 잘 손질해 화력 좋은 숯불에서 직접 구운 곱창은 씹을수록 쫄깃하고 고
소한 맛이 난다. 양곱창은 재료의 질에 못지않게 굽는 시간 또한
중요한데, 이곳에서는 테이블 담당 직원이 가장 맛있는 상태
로 곱창을 즐길 수 있도록 직접 구워준다. 지글거리며 익어가는 곱
창이 풍성한 육즙을 뿜어 내며 노릇하게 익으면 자연스럽게 술잔이 오가는
모습도 다반사. 적당히 구운 곱창은 소금에 찍어 먹으면 담백한 맛을 잘 느
낄 수 있다. 더욱이 이곳만의 특제 소스에 찍어 먹으면 고소함이 배가된다.

주소 서울시 강남구 삼성동 76-10 위치 삼성동 포스코 사거리 뒤
쪽 대로변 문의 02-511-0068 영업시간 11:00~01:00 휴무 없음
가격대 3만원 주차 가능

안동국수
소호정 / 양재동

Korean Cuisine

김영삼 전 대통령의 단골집으로 유명한 소호정은 30년이 넘게 안동국수를 파는 곳이다. 김남숙 씨가 1985년 '안동국시'라는 간판을 내걸고 시작한 이곳은 1990년대 중반 지금의 양재동으로 이전하면서 가게 이름을 '호걸들의 웃음이 흐르는 집'이라는 뜻의 소호정(笑豪亭)으로 바꿨다. 테이블 5개로 시작한 소호정은 현재 본점과 3개의 직영점을 운영할 만큼 번창했다. 많은 손님이 한번에 몰리면 국수 맛이 달라질 수 있음을 우려한 이곳의 대표는 지점 1개당 테이블을 25개 이상 놓지 않을 정도로 맛을 유지하는 데 신경 쓰고 있다. 현재는 작고한 김씨를 대신해 아들 임동렬 씨가 가업을 물려받아 맛과 전통을 지켜가고 있다.

사실 이곳에서 판매하는 국수는 엄밀히 말해 정통 안동국수가 아니다. 안동에서는 밀가루와 콩가루를 섞어 면을 만드는데, 이곳에서는 끈적함을 싫어하는 서울 사람의 취향을 감안해 콩가루의 양을 현격하게 줄였다고 한다. 밀과 물의 혼합 비율을 8:2로 맞추며 현미 식초와 달걀 흰자를 함께 넣어 반죽한다. 이렇게 만든 반죽을 30℃에서 2시간, 상온에서 하루 정도 숙성한 후 면을 뽑는다. 밀가루는 원래 소화가 잘되지 않지만 숙성을 거치면 성질이 변하면서 먹고 난 뒤에도 속이 편안하다. 한우 양지 부위를 두 시간 정도 푹 고아 만든 국물 또한 일품이다. 뜨끈한 고기 국물에 칼국수의 점분이 촉촉하게 배어들면 쫄깃한 맛이 절정을 이룬다. 밀가루로 만든 국수지만 고기 국물과 함께 먹다 보면 든든하다. 여기에 비법을 절대 밝힐 수 없다는 깻잎무침을 곁들여 먹으면 최상의 조화를 이룬다. 쫄깃한 국수의 식감과 깻잎의 짭조름한 맛이 어우러져 느끼함 없이 즐길 수 있다.

주소 서울시 서초구 양재동 392-11 위치 포이 사거리와 구룡사 사거리를 지나 양재대로 방면 문의 02-579-7282 영업시간 11:00~22:00 휴무 없음 가격대 1만원 주차 가능

대구탕
원대구탕 / 용산

영화에서나 볼법한 복고풍 건물이 즐비한 곳. 양쪽 폭이 2m가 되지 않는 좁은 골목길이지만 점심 식사 시간이 되면 꽤 많은 사람들이 이곳을 찾는다. 이곳이 속칭 용산구 한강로 1번가에 속하는 '대구탕골목'이다. 몇몇 대구탕 집들이 유명세를 치르고 있지만 그중에서도 신선한 채소를 듬뿍 올린 대구탕으로 가장 유명한 곳은 바로 원대구탕이다. 1970년대 중반 대구탕을 시작한 원대구탕은 원조격이라 할 수 있다. 경북 의성 출신인 손양원 씨는 처음 이곳 골목에서 이발소를, 그의 아내 김명희 씨는 보신탕 집을 운영했는데 대구탕으로 업종을 변경하고 난 뒤부터 큰 성공을 거두게 됐다. 이곳은 대구탕, 대구지리, 대구내장탕으로 구성된 단순한 메뉴를 선보이지만 맛은 물론 푸짐한 인심으로 문전성시를 이룬다. 대구탕은 숙취 해소에도 좋아 애주가들의 속풀이 점심 식사 장소로도 인기를 끌고 있다.

대구머리와 내장을 넣은 양은냄비에 미나리와 콩나물을 넣고 센불에 푹 끓이는 것이 이곳 대구탕이 사람들에게 사랑받는 비결이다. 식사 시간이면 성미가 급한 사람들도 한참을 기다리며 줄 서는 이곳의 풍경이 낯설지 않다. 적당한 시간을 끓여야 하는 대구탕의 깊은 맛을 알기 때문이다. 대구탕과 같이 맑은 생선국은 센불에서 일정하게 끓여야 하는데, 이 시간이 조금이라도 짧거나 길어지면 맛이 밋밋하거나 걸쭉하게 되어 버린다. 깨끗한 국물 사이로 두툼한 대구살에 대구 아가미 젓갈과 동치미를 곁들이면 금상첨화다. 국물을 어느 정도 먹은 뒤 자박해지면 밥을 넣고 볶아 먹는 것 또한 이곳만의 묘미.

주소 서울시 용산구 한강로 1가 142-4 위치 삼각지역 1번 출구로 나와 우리은행 뒤쪽 대구탕골목 문의 02-797-4488 영업시간 10:00~22:00 휴무 없음 가격대 1만원 주차 가능

삼계탕
고려삼계탕 / 서소문동

삼계탕의 대중화를 이끌어 낸 곳으로 잘 알려져 있는 고려삼계탕은 과거 남대문시장에서 닭을 도매로 판매하는 일을 하다 1960년 명동에서 삼계탕 가게를 시작한 것이 지금의 시초. 그 후 아들인 이준희 씨가 40년이 넘는 전통을 이어오고 있다. 처음 코스모스백화점 앞에서 삼계탕 집을 차렸을 당시 사람들의 반응은 그리 좋지 않았다. 당시만 해도 집에서 먹는 음식인 삼계탕이 외식 메뉴로 적절하겠느냐는 반응이었지만 이곳만의 독특한 삼계탕을 맛본 사람들은 오랜 세월이 지난 지금까지도 여전히 고려삼계탕을 찾는다. 2002년 한일월드컵 당시 외국인 관광객을 겨냥해 한번에 300명 이상의 손님을 받을 수 있을 만큼 큰 규모로 새롭게 단장했다. 층마다 가야시대부터 조선시대에 이르는 그릇의 변천사와 다양한 종류의 정자와 백자사기를 진열해 놓아 많은 외국인들에게 볼거리를 제공하고 있다.

이곳의 삼계탕은 예나 지금이나 할 것 없이 동일한 크기의 '웅추(雄雛)'를 사용한다. 웅추는 기존의 삼계탕용 영계보다 4~5일 정도 더 키운 닭으로 오랜 시간 푹 삶아도 고기 특유의 통통하면서도 부드러운 맛이 살아 있다. 언제나 동일한 맛을 유지하기 위해 모든 삼계탕은 같은 시간에 조리한다. 삼계탕을 끓이는 시간부터 뜸 들이는 시간까지 수치로 지정해 놓고 이를 철저히 지킨다. 닭을 끓일 때는 가시오가피와 황귀, 엄나무를 같이 넣어 닭 특유의 냄새를 없애고 고기를 부드럽게 만든다. 삼은 금산에서만 나는 밭삼을, 찹쌀은 충남 서천 쌀을 고집하며 제철에 산지를 방문해 최고급으로 넉넉히 장만해 놓고 사용한다. 지방을 제거한 닭은 아주 센불에서 끓인 뒤 중불에서 소금으로 간하고 한 시간 정도 더 끓인다. 그 뒤 약불에서 뜸 들이듯 끓이는데, 이는 닭뼈 속에서 진한 국물을 우려 내기 위해서다.

주소 서울시 중구 서소문동 55-3 위치 중구 서소문동 신한은행 맞은편 문의 02-752-9376 영업시간 10:00~22:00 휴무 명절 가격대 1만원 주차 가능

추어탕
원주추어탕

도심에 있는 곳답지 않게 제대로 된 추어탕을 맛볼 수 있는 원주추어탕. 1977년 문을 열어 지금까지 그 명성을 이어나가고 있는 원주추어탕은 서울식 추어탕(미꾸라지를 통째로 넣고 만든 맑은 추어탕)과 달리 미꾸라지를 갈아 만든다. 7~8월 두 달간만 자연산 미꾸라지를 공수받아 사용하기에 이 기간에는 자연산 미꾸라지를 먹기 위해 많은 손님들이 몰리곤 한다. 가게 밖에는 빨간 고무 대야가 눈에 띄는데, 그 안에는 살아 있는 자연산 미꾸라지들이 담겨 있다.

한 솥 가득 끓인 뒤 작은 그릇에 나눠 나오는 미꾸라지탕이 아닌, 테이블 위에 올려져 있는 개별 가스버너 위에서 직접 미꾸라지를 끓여 먹는 것이 특별하다. 미꾸라지로만 끓인 육수를 따로 넣어 진하면서도 담백한 미꾸라지 본래의 맛을 충분히 느낄 수 있다. 추어탕은 무쇠솥에 미꾸라지, 버섯, 부추, 토란, 감자 등의 재료들을 넣고 끓이다 미나리, 산초, 후추를 첨가해 마무리한다. 서울식 추어탕은 사골이나 곱창을 우린 육수에 두부, 버섯, 파, 마늘 등을 넣고 끓이다 고춧가루를 넣어 얼큰한 맛을 낸다. 묵은 고추장으로 육수를 낸 뒤 버섯과 시래기를 반반 넣고 한참 동안 끓여 진한 맛을 내는 것이 원주식 추어탕이며, 곱게 갈았지만 작은 뼈들이 입안에서 씹히는 것 또한 이곳 원주추어탕만의 매력이다.

얼큰한 고추장에 볶은 미꾸라지 요리도 꽤 큰 인기를 끌고 있는데 홍천 저장소에서 저장해놓은 3년 묵은 고추장을 이용한다. 추어탕 외에도 손님이 직접 보는 가운데 깨끗한 기름에서 튀기는 미꾸라지 튀김과 커다란 고추 속에 미꾸라지 소를 넣고 튀기는 고추 미꾸라지 튀김도 바삭하고 고소하다.

주소 서울시 강남구 역삼1동 809-1 위치 신논현역에서 도보로 5분 문의 02-557-8647
영업시간 07:00~24:00 휴무 없음 가격대 1만원 주차 불가능

원주추어탕

추어탕
용금옥 / 다동

1932년 문을 연 용금옥은 고추장을 풀어 칼칼한 서울식 추어탕을 맛볼 수 있는, 몇 안 되는 집이다. 남북 이산가족 상봉 때 남한을 찾은 북측 대표가 아직도 용금옥이 있는가에 대해 물을 정도로 그 역사와 세월이 오래된 곳이다. 그렇기에 지금도 50년이 넘는 단골손님들이 수두룩하다. 용금옥이 명성을 얻은 이유는 손맛 뛰어난 홍기녀 옹 솜씨 덕분이다. 음식 맛을 물려받아 가업을 잇고 있는데, 용금옥 큰집은 홍기녀 옹의 손주 며느리 오경석 씨가 3대째 대물림하고 있고, 용금옥 작은집은 손자 신동선 씨가 운영하고 있다. 최근에는 종로구에 셋째 며느리가 운영하는 분점도 생겨났다. 현관 위에 걸린 용금옥(湧金屋)의 옥호는 이 집의 오랜 단골인 신영복 교수의 작품으로 유명하다.

이곳에서 맛볼 수 있는 추탕(서울식 추어탕)은 각종 버섯, 채소, 유부, 두부 등 10여 가지의 양념을 넣어 미꾸라지 특유의 비린내를 없앤 뒤 얼큰하게 끓인다. 미꾸라지를 갈지 않고 통째로 넣어 깊은 맛을 낸다. 따라서 미꾸라지를 갈아 우거지, 버섯 등과 함께 끓이는 남도식에 비해 좀 더 담백하다. 육수 또한 특별한데, 쇠고기와 곱창 국물을 밤새 우린 다음 기본 육수로 사용한다. 여기에 한 번 찐 미꾸라지를 두부, 유부, 목이버섯, 느타리버섯, 대파, 양파, 호박, 청양고추 등을 넣고 팔팔 끓이면 추탕이 완성된다. 미꾸라지는 전량 전북 부안에서 양식된 것을 공수해오며 미꾸라지의 비린내를 없애기 위해 철저히 민물에서 먹을 빼낸 뒤 사용한다. 과거에는 끓는 물에 두부와 살아 있는 미꾸라지를 넣기도 했지만 뜨거운 물에서 요동치는 미꾸라지가 두부를 부셔버리므로 지금은 그렇게 하지 않는다. 통으로 들어가는 미꾸라지가 부담스러우면 갈아 놓은 것을 만들어주기도 하며 바삭하게 튀긴 미꾸라지튀김과 숙회 등도 준비되어 있다. 미꾸라지와 궁합이 잘 맞는 산초 열매를 넣고 절인 오이 장아찌 또한 한번 맛보면 절대 잊을 수 없다.

주소 서울시 중구 다동 165-1 위치 무교동 먹자골목 코오롱빌딩 건너편 문의 02-777-1689 영업시간 11:30~22:00 휴무 둘째, 넷째 주 일요일 가격대 1만원 주차 불가능

칼국수
혜화동 칼국수 / 대학로

비 오는 날 혜화동 모퉁이길에 들어서면 생각나는 이곳은 손칼국수 하나로 지금까지 명맥을 이어오는 곳이다. 이곳의 대표 배성한 씨는 대를 이어 올해로 30년째 칼국수를 만들고 있다. 큰 길가에 자리하고 있는 것도, 화려한 간판을 자랑하는 것도 아니지만 많은 손님들은 혜화동 구석에 자리 잡은 이곳의 칼국수에 열광한다. 혜화동 칼국수에서 맛볼 수 있는 칼국수는, 소위 말하는 경상도식이다. 담백하면서 깔끔함 맛을 강조하기에 많은 사람들이 선호한다.

이곳 칼국수의 속을 들여다보니 면발을 만드는 것부터 특별하다. 부드럽고 쫄깃한 면발은 밀가루와 콩가루를 섞은 반죽을 3시간 이상 손으로 치댄 뒤 신선한 곳에서 하루를 재운다. 면발을 바로 삶으면 밀가루 특유의 텁텁하고 거친 맛이 느껴지지만, 숙성을 거친 면발은 훨씬 더 부드럽고 쫄깃해진다. 이렇게 숙성한 반죽은 최대한 얇게 핀 뒤 바늘 두께가 될 정도로 가늘게 썬다. 면발의 굵기가 가늘수록 쫄깃함이 살아난다. 여기에 온종일 푹 고은 한우 양지 사골이 준비되면 칼국수의 모든 준비가 끝난다. 큰 솥에 한우 양지머리를 넣고 끓인 사골 육수는 진하면서도 깔끔한 맛을 내는 일등 공신이다. 사골 육수에 면발을 넣고 5분간 끓이면 이곳의 칼국수가 완성된다. 그 밖에도 두툼하게 살이 오른 담백한 맛의 대구 튀김과 쫀득쫀득한 맛과 식감이 일품인 수육 등도 칼국수 못지않은 대표 메뉴다.

주소 서울시 종로구 혜화동 84-3 위치 혜화역 4번 출구로 나와 직진 후 혜화로터리 파출소 골목으로 20m 문의 02-743-8212 영업시간 11:00~22:00 휴무 없음 가격대 1만원 주차 불가능

우삼겹
본가 / 논현동

Korean Cuisine

본가는 국내 최초로 '우삼겹'을 소개한 곳이다. 2002년 처음 영동시장 먹자골목에 본가 논현점을 열었으니 실제 우삼겹(쇠고기 삼겹살)이 쇠고기 시장으로 들어온 것은 그리 오래되지 않았다. 처음에는 우삼겹이라는 생소한 이름에 반신반의하며 찾았던 손님들도 한번 맛을 보고 나면 어느새 단골이 되곤 한다. 우삼겹은 외국인들의 입맛을 사로잡기 위해 백종원 사장이 다년간 연구한 끝에 개발한 메뉴이다. 삼겹살이나 갈빗살은 단순히 굽는 것이 요리라고 할 수 없었고 불고기나 갈비는 이미 많이 알려졌을 뿐만 아니라 고급스러워진 외국인의 입맛을 맞추기에는 뭔가 부족함이 있었다. 좀 더 특별한 무기가 필요했는데 정통 불고기의 맛을 내면서도 일본처럼 고기의 붉은색을 살리고 신선한 맛을 살리는 것이 관건이었다. 연구가 계속될수록 정통 양념이 잘 배려면 기름 부분이 약간 있어야 하고 고기도 얇아야만 한다는 결론에 이르렀다. 수많은 시행착오 끝에 차돌과 양지가 섞인 부위를 골라 반대 방향으로 잘라보니 지방과 살코기가 겹겹이 섞인 듯 보이는 고기를 얻을 수 있었다. 이러한 연구 끝에 개발한 쇠고기 부위와 정형화된 소스 레서피를 바탕으로 우삼겹이 완성됐다.

고기를 반대 방향으로 썰면 삼겹살처럼 지방이 사이사이에 자리 잡아 '우삼겹'이라는 이름이 붙었다. 차돌과 양지가 섞인 부위여서 쫄깃한 맛이 살아 있으며, 한 뼘 길이로 썬 것을 구워 돌돌 말아 먹는 까닭에 씹는 맛도 좋다. 불고기나 양념 갈비와 같이 미리 양념에 재운 고기와 달리 우삼겹은 주문이 들어오는 즉시 고기를 썰어 특제 소스를 뿌린다. 장시간 양념에 재우면 발그레한 쇠고기 특유의 색깔이 사라져 버리기 때문이다. 육질이 얇아 양념도 쉽게 스며들뿐더러 숯불에 재빨리 구워 쇠고기 특유의 고소한 맛을 유지할 수 있다. 고기

를 먹을 때도 가위로 자르지 않고 젓가락으로 말아 한입에 넣는 것이 우삼겹을 제대로 즐기는 방법이다. 소스 역시 특별하다. 사과, 키위, 감초, 자염(아미노산이 풍부한 고급 소금) 등을 넣고 장시간 끓인 뒤 식용 숯을 가미해 색을 내고 불순물을 제거하는 정성을 기울였다. 보기에도 좋고 맛을 더욱 부드럽게 해준다. 1년 이상 숙성한 재래식 된장에 차돌박이를 넣어 함께 끓이는 된장찌개 역시 이곳에서 빼놓지 않고 맛봐야 하는 메뉴다.

주소 서울시 강남구 논현동 165-13 위치 논현역 2번 출구로 나와 논현동 영동시장 인근 문의 02-3482-3788 영업시간 24시간 휴무 없음 가격대 2만원 주차 가능

돈가스
남산왕돈까스 / 명동

남산 하면 가장 먼저 떠오르는 음식이 돈가스일 정도로 남산왕돈까스는 이 지역의 터줏대감 격 레스토랑이다. 오랜 전통과 유명세를 자랑하는 듯 매스컴의 보도 흔적들이 벽면 가득 메운 돈가스 집이 보인다. 이곳은 문전성시를 이루며 항시 대기 중인 주차요원들의 안내 덕분에 누구나 쉽게 찾을 수 있다. 1980년대 말부터 90년대까지 최고의 전성기를 누렸던 돈가스. 최근 들어 일본식 돈가스에게 그 명성을 내줬지만 이곳 남산왕돈까스의 인기는 여전히 식을 줄 모른다. 양배추를 듬뿍 올린 크고 두툼한 돈가스를 즐기려는 사람들로 가득 차 식사 시간이 아닌데도 식당 안에는 빈 테이블을 찾기가 어렵다.

이곳 돈가스는 두툼하고 큼직한 암퇘지 등심을 잘 두드려서 편 뒤, 소금과 후추로 간을 하여 한동안 재운다. 여기에 밀가루와 달걀물, 그리고 빵가루를 번갈아 묻혀 깨끗한 기름에서 튀기는 것이 맛의 비결이다. 단순한 듯 보이지만 오랜 시간 이어져 내려오면서 만들어진 이곳만의 체계적인 조리 기술은 이제 어느 하나 예외를 두지 않는다. 모든 돈가스의 맛이 똑같게끔 만들어 내며 잘 튀긴 돈가스를 썰면 미묘한 돼지고기의 육즙이 흘러나온다. 여기에 브라운 소스와 과일을 넣고 만든 특제 돈가스 소스는 바삭하게 튀긴 돈가스의 맛을 한층 더 살려준다. 달콤하면서도 입에 착 감기는 돈가스 소스는 장시간 끓여 식힌 뒤 한 번 더 끓여 사용한다. 여기에 곁들인 풋고추와 마카로니는 오랫동안 사랑받아 왔다.

주소 서울시 중구 남산동2가 49-24 위치 명동역 1번 출구로 나와 남산 방향, ABC마트 맞은편 지하 1층 문의 02-777-1976 영업시간 10:30~21:00 휴무 없음 가격대 1만원 주차 가능

찜닭
봉추찜닭 / 대학로

Korean cuisine

지난 2000년 혜화동에 깔끔한 외관이 눈길을 끄는 레스토랑이 문을 열었다. 닭이라고 하면 프라이드치킨과 양념통닭으로 양분화되어 있던 당시, 닭 요리업계에 일대 태풍을 일으킨 '찜닭'의 역사가 시작된 것이다. 경북 안동 시장에서만 맛볼 수 있었던 찜닭을 서울에 입성하기까지 조리법을 정립하고 인테리어와 유통 시스템을 설비하는 데 무려 1여 년의 준비 기간이 걸렸다. 그 후 찜닭이라는 단일 품목과 동치미 반찬이 전부인 심플한 메뉴가 구성되었다. 한국적인 미가 물씬 느껴지는 실내장식은 봉추찜닭만의 고유하고 독창적인 이미지로 자리 잡았다. 안동찜닭에 대한 서비스 출원은 '안동'이라는 고유명사와 '찜닭'이라는 요리 이름을 독점할 수 없다는 판정을 받아 결국 '봉추찜닭'으로 변경하게 됐다. ㈜봉추푸드시스템을 설립해 전국 50여 개의 점포를 운영 중이다.

봉추찜닭은 안동에서 오래전부터 내려오는 요리를 바탕으로, 현대인의 입맛에 맞게 양념과 소스를 개발했다. 간장을 기본으로 하여 소스를 끓이며 신선한 닭을 사용해 닭의 비릿함이 전혀 느껴지지 않는다. 이곳에서 만든 간장 소스는 다른 곳보다 약간 더 맵싸하다. 간장 소스와 청양고추의 비율을 7:3 정도로 유지한 덕분이다. 이에 자극적이지 않는 동치미도 찜닭의 맛을 한층 더 살린다. 1년 내내 똑같은 국물 맛을 유지하는 동치미의 맛에 반해 포장해 가는 고객도 있을 정도다. 닭고기살의 담백함, 청양고추의 매콤함, 갖은 양념의 달콤함, 쫄깃한 잡채의 감칠맛, 동치미 국물의 시원함이 어우러져 깊은 맛을 낸다.

주소 서울시 종로구 명륜동 4가 80-1호 위치 대학로역 3번 출구로 나와 KFC 맞은편 함흥냉면 골목길 왼쪽 문의 02-745-6981 영업시간 11:30~23:00 휴무 없음 가격대 1만원 주차 불가능

주꾸미볶음
나정순할매쭈꾸미 / 동대문

매콤한 것을 사랑하고, 푸짐하게 먹고 싶다면 꼭 한 번 찾아봐야 할 곳이 용두동 주꾸미골목이다. 주꾸미를 고추장으로 맵싸하게 양념하여 철판에 익히는 주꾸미 요리로 유명해진 이곳은 지하철 1호선 제기동역 근처에 있다. 지하철역 근처 사거리 근방에 주꾸미 전문집 10여 곳이 옹기종기 모여 있는데, 그 가운데에서도 골목 입구에 있는 나정순할매쭈꾸미는 원조격인 곳이다. 사람들이 주꾸미가 무엇인지 잘 모르던 시절부터 주꾸미를 팔고 있는 나정순 옹은 '매워야 제맛이지'를 연신 외친다. 항상 줄을 서서 기다려야 할 정도로 사람들로 북적이고 포장, 주문해 가는 손님들도 적지 않다.

대부분 매운 음식은 처음에는 맵다가 어느 정도 시간이 지나면 입속에서 적응되기 마련이지만 나정순할매쭈꾸미의 매운맛은 먹을수록 그 강도가 더욱 더 세진다. 이곳의 메뉴는 고추장 주꾸미 단 한 가지로, 고추장 양념에 담근 주꾸미를 무쇠 불판에 익혀 먹는다. 살이 실한 주꾸미와 양파, 당근, 버섯 등의 채소를 곁들여 익히는 주꾸미는 맵다 못해 입에서 불이 날 지경이다. 한 점 먹고 바로 젓가락을 놓는 사람이 있을 정도로 호불호가 갈리는 곳이지만 매운맛이 생각날 때마다 이곳이 떠오르게 된다. 어느 테이블이든 간에 눈물을 흘리고 있는 여성들의 모습을 쉽게 찾아볼 수 있으며 머리가 아플 만큼 매우 맵다. 더욱 심한 것은 주꾸미 단일 메뉴이기 때문에 다른 곳에서 쉽게 찾아볼 수 있는 달걀찜, 동치미 국물도 없다. 태양초 고춧가루와 청량고추, 고추장을 이곳만의 비율로 섞은 뒤 며칠간 숙성을 거쳐 사용한다. 주꾸미는 물이 생기기 전 양념에 조물거린 뒤 바로 불판 위에 올리기 때문에 주꾸미의 맛을 느끼기에 충분하다. 한편, 양념 주꾸미에는 버섯 등 채소가 들어간다. 남은 양념에 김과 참기름만 넣고 볶아 먹는 밥 또한 일품이다.

주소 서울시 동대문구 용신동 119-20 위치 제기동역 6번 출구로 나와 용두동 사거리에서 농협 건물 끼고 왼쪽 골목 문의 02-928-0231 영업시간 11:00~22:00 휴무 일요일 가격대 1만원 주차 불가능

유황오리
놀부 유황오리진흙구이 / 반포점

KOREAN CUISINE

놀부 프랜차이즈 중에서 후발 업체로 시작했지만 놀라울 만큼 호황을 이루는 놀부 유황오리진흙구이는 가장 한국적이면서도 세련된 한식을 제공한다는 놀부의 이념을 잘 담고 있다. 이곳에서는 고열로 3시간 이상 굽는다는 점을 감안해 예약을 통한 포장 서비스를 실시, 고객들의 편의를 돕고 있다. 오리 요리에 들어가는 식재료는 HACCP(식품위해요소 중점관리기준) 인증을 받은 음성공장에서 직접 들어오므로 위생 관리적인 측면에서도 믿을 만하다. 음식 맛과 더불어 쾌적한 실내 공간과 편리한 주차 시설까지 갖추고 있는 점이 놀부 유황오리진흙구이의 인기 비결이다. 3시간을 구워야 하는 메뉴의 특성상 예약하지 않으면 쉽게 먹을 수가 없어 예약은 필수다

이곳의 별미인 유황오리진흙구이는 유해물질을 해독해 자연스럽게 면역 기능을 강화할 수 있는 건강식이다. 유황과 인산, 22가지의 한약재, 그리고 키토산으로 사육한 오리만을 사용해 안전한 보양식이기도 하다. 수(水)의 성질을 지닌 오리와 화(火)의 성질을 가진 유황이 조화를 이룬 유황오리진흙구이는 높은 영양과 함께 담백하고 부드러운 맛으로 누구나 맛있게 즐길 수 있게 만들어 놓았다. 황토 진흙으로 만든 토기에 유황오리를 넣고 가마에서 3시간 동안 익힌 유황오리진흙구이는 많은 시간과 정성이 담겨 있다. 먼저 유황오리를 황토 진흙토기에 담아 가마에 넣은 뒤 350~540℃에서 30~50분간 1차 가열한다. 그런 뒤 380~430℃에서 20~40분간 2차 가열하고 온도를 낮춰 뜸을 들인 후 토기를 꺼내 거꾸로 넣는다. 다시 380~430℃

에서 30~50분간 3차 가열을 하고, 온도를 낮춰 뜸을 들여야 완성된다. 이러한 과정에서 고열의 진흙 토기에 구워 기름이 완전히 빠져나가며 담백한 오리의 맛이 그대로 살아난다. 유황오리 속에는 찹쌀과 흑미, 서리태를 섞어 지은 밥에 당귀, 인삼, 녹각, 감초, 은행, 무화과, 잣 등의 보약재까지 넉넉하게 들어간다. 특히 오리고기를 다 먹고 난 후에 제공되는 영양밥은 오리고기와 찰떡궁합을 자랑하며 손님들에게 큰 인기를 모으고 있다.

주소 서울시 서초구 반포동 118-3 위치 고속터미널역 3번 출구로 나와 센트럴시티 메리어트호텔 옆 건물 1층 문의 02-6282-5292 영업시간 10:30~21:00 휴무 없음 가격대 2만원 주차 가능

과메기
영일식당 / 종로

Korean Cuisine

영일식당은 주당들의 술안주로 인기몰이를 시작한 과메기 전문점이다. 도심에서 잠시 빠져나와 시골 포구의 작은 선술집에 들어온 듯한 착각에 빠질 정도로 실내는 좁기 그지없다. 실내는 허름하고 볼품없지만 쌀쌀한 날이면 잘 숙성된 과메기가 술꾼들의 발길을 붙잡는다. 가게에 들어서면 소금기를 머금은 듯한 비릿한 냄새가 코끝을 찌르는데, 경북 포항 근처 구룡포에서 매일 공수되는 싱싱한 수산물이 바닷바람을 함께 묻혀 오기 때문이다. 김명수 사장은 수산업협동조합에서 24년 동안 근무한 경험을 바탕으로 싱싱한 수산물을 현지에서 확보해 비행기로 공수받는다. 11월부터 3월까지는 동해안 겨울 별미인 과메기를 중점적으로 판매하고, 그 밖의 기간에는 잡어회를 준비한다.

구룡포 인근의 과메기 덕장에서 공급되는 이곳의 과메기는 겨울바람을 맞으면서 숙성된 그 상태 그대로다. 기존의 과메기는 청어의 껍질을 벗기고 만들었지만 현재는 꽁치로 만드는 것이 일반적이다. 꽝꽝 얼고 녹기를 반복하며 만들어진 **구룡포 과메기는 다른 곳의 과메기에 비해 비린내가 덜 나고 먹기에도 좋다.** 더불어 시큼함이 살아 있는 초장 또한 과메기의 맛을 한층 더 살려준다. 숙성하지 않고 바로 내어 놓은 초장은 다진 마늘이 듬뿍 들어가 있어 시큼하면서도 맵싸하다. 곁들여 먹는 배추 속과 미역, 쪽파, 김은 과메기를 다 먹을 때까지 푸짐하게 나온다. 과메기는 살만 발라 찢은 뒤 쪽파, 생마늘과 함께 초고추장에 찍어 김, 생미역에 싸서 먹는다. 한편, 과메기와 더불어 이곳을 유명하게 만들어 준 것은 막회. 도다리 새끼와 비슷한 맛의 미주구리, 가오리, 참가자미, 전어, 방어, 멸치 등이 파, 깻잎, 양파와 함께 담겨 나온다. 돌문어와 고동, 골뱅이구이를 초장에 찍어 먹어도 맛있다.

주소 서울시 종로구 낙원동 77 위치 종로2가 낙원상가 뒷골목 종로세무서 앞 문의 02-742-3213 영업시간 16:00~ 22:30 휴무 공휴일 가격대 2만원 주차 가능

함흥냉면
오장동 흥남집 / 오장동

Korean Cuisine

1953년 개업한 오장동 흥남집은 3대에 걸쳐 원조 함흥냉면을 만들고 있다. 한국전쟁 때 내려온 고(故) 노용원 옹이 쓰러져 가는 한옥에서 가게를 시작했다. 그때부터 음식을 만들기 시작한 사람은 지금의 주방을 맡고 있는 김영대 씨다. 김씨는 이곳에서 결혼하고 가정을 꾸렸으며 노용원 옹과 한 가족이 되어 살았다. 40년이 넘은 음식점이지만 한 번도 맛이 변하지 않은 까닭이다. '직원을 내 식구로, 손님을 내 식구로'라는 영업 방침이 이곳의 성공 비결 중 하나였다. 지금은 고인이 된 노용원 옹이 "재료를 절대 아끼지 마라, 나쁜 재료는 절대 쓰지 마라, 모든 음식을 소중한 나의 식구가 먹는다는 생각으로 만들어라."라고 귀가 아프도록 가르친 것이 여전히 이어져 내려오는 듯하다. 손님들 또한 30~40년 단골이 많은데 고향 맛을 잊지 못한 나이든 '함경도 아바이'들이 주를 이룬다.

오장동 흥남집 함흥냉면의 맛은 바로 '면발'에 있다. 이곳의 면발은 메밀이 아닌, 100% 고구마 전분만으로 만든다. 사실 함경

도 회국수는 감자 전분으로 만든다. 개마고원 고랭지에서 자란 감자를 써야 국수 면발이 제대로 만들어지지만, 한국전쟁 이후 남한에서 감자를 구할 수 없었기에 제주도와 해안 지방에서 자란 고구마 전분을 사용하게 됐다. 그 후 면발을 뽑는 기술이 더욱 발전해 찰기 있는 면발을 만들게 됐다. 여기에 육질이 단단한 백령도산 홍어만을 사용해 양념 회무침을 만든다. 최근에는 국내산 홍어의 가격이 너무 비싸 칠레산 홍어를 사용하거나 간자미로 대체하기도 한다. 양념장, 겨자, 식초, 설탕, 참기름을 고루 섞어 만드는 매콤한 양념은 자극적이지 않은 매운맛이다. 국간장에 쇠고기 간 것을 넣고 끓이다가 마늘과 물을 섞어 만든 양념 비법은 아직 아들도 모를 정도로 일급 비밀이라고 한다. 순수 한우 사골만 푹 고아 우린 뜨거운 육수 또한 별미 중의 별미이다.

주소 서울시 중구 오장동 101-7 위치 을지로4가역 8번 출구, 중구청 방향 오장동 사거리 쪽 코발트빌딩 옆 문의 02-2266-0735 영업시간 11:00~22:00 휴무 둘째, 넷째 주 수요일, 명절 가격대 1만원 주차 가능

꽃등심 정포 / 대학로

Korean Cuisine

'가마솥 음식을 여럿이 나누어 배부르게 먹는다'라는 뜻의 정포(鼎鉋)는 이름처럼 맛있는 고기를 배불리 대접하겠다는 주인의 의지를 담아 대학로에 문을 연 정통 한우 고깃집이다. 이곳의 분위기는 한옥을 개조한 곳이라 정겨움이 묻어나며 여느 고깃집과는 달리 와인 바에 온 듯 세련된 실내장식이 인상적이다. 은은하게 비추는 간접 조명이 고급스러움을 더한다. 길게 늘어서 있는 고기 바(bar)에서는 자신만의 화로를 피울 수 있는데, 소박하면서도 세련된 느낌을 받기에 충분하다.

이곳을 가장 경쟁력 있게 만들어주는 것은 바로 안동 한우다. 매일 아침 공수되는 안동 한우는 갈비, 치맛살, 등심 등 모든 부위를 1++ 등급으로 사용할 만큼 최고의 질과 신선도를 자랑한다. 안동 지방은 예로부터 소를 사고파는 집산지였다. 경북 북부의 대륙 분지인 안동은 공해가 없는 전통적인 농촌으로, 이곳에서 기르는 한우는 깨끗한 공기와 지하수를 공급받을 수 있다. 안동은 강수량이 비교적 적어 다른 지역에 비해 건조한 기후가 유지되며 적절한 일교차로 소가 쾌적한 환경에서 자랄 수 있어 이곳에서 자란 소는 고기 맛이 일품이다. 꽃등심의 고소하고 부드러운 풍미는 바로 이 촘촘하게 눈꽃처럼 피어난 마블링 덕분이다. 최고 품질의 고기를 사용하는 곳답게 고기를 굽는 기술 또한 수준급이다. 뜨겁게 달군 화로 위에서 육즙이 배어나오는 순간을 정확히 측정해 굽는다. 그래서인지 안동 한우 특유의 탄력성을 맛볼 수 있으며 은은한 향까지도 느낄 수 있다. 꽃등심 외에도 시골 된장과 차돌박이를 넣고 끓인 차돌된장찌개가 일품이며 함께 나오는 반찬들도 정갈하다.

주소 서울시 종로구 명륜동 2가 20-2 위치 혜화역에서 배스킨라빈스 뒤쪽 골목으로 30m 직진 왼쪽 새마을금고 골목 문의 02-766-7385 영업시간 11:00~23:00 휴무 없음 가격대 3만원 주차 불가능

홍어 삼합
순라길 / 盞

Korean Cuisine

미식가들 사이에서는 꽤 알려져 있는 순라길은 홍어 전문 음식점이다. 허영만 화백의 만화 〈식객〉에도 등장하는 이곳은 덜 삭은 홍어를 사용해 홍어 맛에 익숙지 않은 사람들도 부담 없이 즐길 수 있다. 홍어의 맛이 약하다고 해 그 향까지 약한 것은 아니다. 가게 앞 10m부터 구수한 냄새가 진동해 '이곳이 홍어 가게구나'라는 생각이 든다. 묵직한 맛의 홍어를 즐길 수 있어 나이 지긋한 분들이 이곳의 주 고객이다.

이곳의 대표 김부심 씨는 "홍어는 삭히는 게 젤 어렵지. 열흘 이상 삭혀야 하는데 어떤 곳에서는 식용 암모니아로 2~3일 만에 익혀 버리거든. 그러면 냄새가 독해져. 제대로 삭히려면 20년 이상 홍어를 만져봐야 해."라고 말한다. 순라길의 비밀은 바로 홍어를 삭히는 데 있는 셈이다. 오래 삭히면 홍어의 살이 연해져 버리고, 빨리 삭히면 홍어 특유의 향이 올라오지 않는다. 따라서 이곳에서 삭힌 홍어는 역겨운 암모니아 냄새보다는 구수한 향이 난다. 김치나 치즈와 같이 발효 식품이 그렇듯 홍어에서만 올라오는 중독성은 먹을 줄 아는 사람들만 느끼는 쾌감을 안겨준다. 이곳은 홍어를 삭히는 기술과 더불어 물렁뼈와 살이 적당하게 섞이도록 칼을 넣는 솜씨가 남다르다. 정확한 간격으로 칼집을 넣는 기술은 오랜 시간 홍어를 다뤄본 사람만이 할 수 있는 것으로 그 속에 세월이 묻어난다. 홍어와 더불어 삼합으로 곁들이는 묵은 김치와 돼지고기 또한 각별한 신경을 쓴 듯하다. 돼지 수육으로는 국내산 돼지를 사용하며 김치는 겉절이가 아닌 묵은지를 사용한다. 묵은지의 톡 쏘는 맛과 홍어의 맛이 합쳐져 특유의 맛을 낸다. 탁주를 곁들이거나 홍어회를 먹고 난 뒤 시원한 홍어탕으로 마무리하는 것도 제대로 홍어 삼합을 즐기는 요령이다.

주소 서울시 종로구 권농동 148 위치 비원 맞은편 현대주유소에서 원남동 방향으로 40m 가다 오른쪽 일방통행 길로 60m 문의 02-3672-5513 영업시간 12:00~22:00 휴무 명절 가격대 3만원 주차 가능

북엇국
무교동 북어국집 / 다동

40여 년이 넘게 장안 술꾼들의 속을 달래주고 있는 무교동 북어국집 앞은 언제나 문전성시를 이룬다. 1968년 진인범 씨가 창업한 이곳은 오로지 북엇국 하나로만 승부하고 있다. 가게를 연 진씨는 지금 나이가 많아 쉬고 있지만 그의 아들 진광진, 진광삼 형제가 11년 전부터 이곳을 맡아 운영하고 있다. 무교동 북어국집은 **시청 일대의 직장인들 사이에서는 술을 마신 다음날 꼭 들러 쓰린 속을 푸는 해장국 가게로 가장 선호하고 있는 곳이기도 하다.** 이곳 북엇국을 한 번이라도 먹은 손님들은 단숨에 단골이 될 정도로 그 맛이 인상적이다. 매일 점심 시간이 되면 매일 긴 줄이 늘어서며, 최근에는 일본 언론에 소개된 덕분인지 일본인 관광객들도 심심찮게 볼 수 있다. 덕분에 1일 판매되는 북엇국은 평균 500~700그릇이고, 많을 때는 1000그릇도 넘어선다. 이곳이 꾸준한 매출을 올리는 비결은 바로 식당 직원들의 분업화 전략 덕분이다. 이곳에서는 상을 치우는 사람, 차리는 사람, 뜨는 사람, 나르는 사람이 모두 구분되어 있다. 각자의 역할을 정확히 분업화하여 최대한 빠르고 위생적으로 서비스한다. 보기에는 쉬워 보이지만 국을 뜰 때에도 건더기와 국물의 양을 일률적으로 조절할 수 있게 되었으며, 담는 모양새 또한 동일하게 신경 쓸 수 있었다. 이렇게 빠르게 떠 놓은 북엇국을 손님 앞에 곧장 내어 놓는 것도 맛을 유지하는 비법이다. 또한 최근 급증한 일본인 관광객의 입맛을 사로잡기 위해 겉절이와 새우젓무침을 새롭게 내놓았다.

무교동 북어국집에서 사용하는 북어는 수입산이지만 강원도 고성 덕장과 묵호 집하장 일대에서 말린 것을 가져다 쓰며, 1년에 사용하는 양이 10만 마리가 넘을 정도로 엄청나다. 사골을 1시간 이상 끓인 국물에 뼈를 바르지 않은 통북어를 넣고, 양념의 양을 일정하게 유지하는 것이 이곳만의 비법이다. 육수만 하루에 1.2t 이상 들어간다. 또 북어채를 사용하기보다는 북어의 살이 녹아 없어지지 않도록 통북어를 두들겨 작두로 직접 썰어 사용한다고 한다. 뽀얗게 우러난 진한 국물에 부드러운 맛을 더하는 달걀과 담백함과 영양을 함께 맛볼 수 있는 두부를 넣음으로써 북엇국을 든든한 한 끼 식사로 만들어 놓았다. 깔끔한 새우젓을 넣어 간을 더해 먹을 수 있고 배추김치와 오이짠지, 부추무침이 찬으로 나온다.

주소 서울시 중구 다동 173번지 위치 서울시청 뒤 코오롱빌딩에서 횡단보도 건너 주차장 옆(기업은행 뒷길) 문의 02-777-3891 영업시간 평일 07:00~20:00, 주말 07:00~16:00 휴무 없음 가격대 1만원 주차 불가능

복국 송원 / 소공동

1966년 무교동에 처음 문을 연 송원(松園)은 복 요리를 전문으로 하는 곳이다. 요리 경력이 40여 년이 넘는 김송원 씨가 운영하는 곳으로 지난 1984년 지금의 자리로 옮겨왔다. 전남 장흥이 고향인 김씨는 중학교 때 처음 회칼을 잡았다. 고향에서 초등학교를 졸업한 뒤 큰형이 있는 일본으로 건너가 학창 시절을 보냈다. 이때 복집을 하던 형의 어깨너머로 복어를 다루는 방법을 익힐 수 있었다. 그는 일본에서 10여 년간의 생활을 거쳐 1966년 한국으로 돌아왔다. 서울에도 하나둘씩 일식집이 생겨나기 시작할 때였다. 김송원 씨는 예순 살이 넘은 뒤부터는 주방 일에서 손을 뗐다. 미세한 칼질을 요구하는 복어의 칼질에서 한계를 느꼈기 때문이다. 그렇지만 그는 여전히 수십 년간의 요리 경력을 살려 할 수 있는 일을 찾았다. 요리에 맞는 술을 추천해주는 '이주사'가 그것이다. 몇 해 전 일본에서 자격증을 따왔을 정도로 요리에 대한 열정 하나만큼은 가득하다.

송원은 담백한 복어 맛을 잘 살리는 것으로 유명하다. 이곳에서는 독소가 없는 양식어보다는 오로지 자연산만을 사용한다. 자연산 복어는 거센 조류를 헤치고 살아가기 때문에 살이 단단하고 쫄깃하다. 많은 독을 함유하고 있어 다루는 방법이 까다롭지만 양식보다 감칠맛을 낸다. 한편, 많은 사람들이 즐겨 찾는 복국(복맑은탕) 또한 송원에서는 다른 집과 만드는 방법이 다르다. 기존의 복집에서는 복국을 끓일 때 미나리를 넣어 시원한 맛을 강조하지만, 송원에서는 대파와 쑥갓으로 맛을 조절한다. 또한 진한 맛을 위해 사용하는 조개 육수 대신 다시마를 엷게 우려내 탕을 끓여 좀 더 진한 복어 맛을 느낄 수 있다.

주소 서울시 중구 소공동 117번지 위치 북창동 플라자호텔 뒤편 문의 02-755-3979 영업 시간 11:30~22:00 휴무 공휴일 가격대 1만원 주차 불가능

소금구이
최대포 / 마포

과거 어려웠던 시절인 1956년에 문을 연 뒤 자리를 바꿔 가며 50여 년이 넘는 세월 동안 영업을 계속하고 있는 최대포는 이제 마포를 상징할 정도로 유명한 곳이다. 처음에는 등받이도 없는 의자에 드럼통 몇 개만을 놓고 시작한 것이 어느새 50년이라는 세월이 지나 어엿한 마포 터줏대감으로 자리 잡았다. 이곳의 창업자인 최한채 옹은 비법을 묻는 질문에 특별할 것도 없이 "언제나 좋은 재료만을 사용하면 돼!"라고 간단하게 말할 뿐이다. 그는 과거 마장동 도살장에서 일했는데, 그곳에서 돼지곱창이나 돼지껍데기와 같이 신선하지만 사람들에게 선호도가 떨어져 버려지는 고기들을 받아와 단골들에게 내어주었다고 한다. 한두 번 단골들에게 서비스로 주던 음식이 언젠가부터 인기를 얻게 됐고, 그때부터 이곳의 대표 정식 메뉴로 자리 잡게 되었다. 1980년대만 하더라도 하루에 1000명이 넘는 손님들이 다녀갔다는 이곳은 재개발로 인해 자리를 옮기게 되었다. 그 때문에 많은 단골 고객들을 잃기도 했지만 여전히 왕성하게 영업 중이다. 과거에 그랬던 것처럼 여전히 좁은 실내에 불편한 화장실을 고수하고 있지만 사람 냄새 나는 분위기와 추억을 느끼기 위해 많은 사람들이 찾곤 한다.

두툼한 고기 위에 왕소금을 몇 번 뿌려 구워 먹는 소금구이가 이곳의 대표 메뉴로 주먹고기로도 불린다. 국내산 암돼지만을 사용한다는 이곳의 소금구이는 보는 것만으로도 흡족하다. 선분홍빛 돼지고기를 질 좋은 숯불에 구워 최대포에서는 좀 더 담백한 맛을 느낄 수 있다. 소금구이 외에도 돼지껍데기가 유명하다. 수퇘지는 암퇘지에 비해 돼지 누린내가 심해 이곳에서 사용하는 돼지껍데기는 오로지 암퇘지 껍질만을 사용

한다고 한다. 배를 듬뿍 넣고 만든 양념장에 하루 정도 재운 뒤 여러 번 양념을 묻혀 가며 껍데기를 굽는다. 돼지껍질은 구우면 돌돌 말려 굽기가 까다롭지만 이곳의 돼지껍데기를 굽는 능숙한 실력만 보더라도 탄성이 절로 나온다.

주소 서울시 마포구 공덕동 255-5 위치 공덕역 5번 출구 왼쪽으로 50m 골목 문의 02-719-9292 영업시간 11:00~20:30 휴무 없음 가격대 2만원 주차 가능

불고기
서초사리원 / 강남역

Korean Cuisine

서초사리원은 지난 1970년대 초 서울 동숭동에 터를 잡고 30여 년 동안 운영해오다 강남역으로 자리를 옮긴 곳이다. 서초사리원은 3대째 이어 내려오고 있으며 당뇨병으로 고생하는 할아버지를 위해 할머니가 불고기 요리를 만든 것에서 그 역사는 시작된다. 할머니의 고향이 황해도 사리원이었기에 가게의 상호도 '사리원'으로 표기하게 됐다. 처음 시작할 때 준비했던 3가지 불고기(사리원 불고기, 육수 불고기, 채소 불고기)만을 여전히 취급한다. 이와 함께 막대한 비용을 감수하고 일본 신포사에서 들여온 무연 로스터 또한 서초사리원이 자랑하는 시설이다. 무연 로스터는 1000℃ 이상의 센 열기를 내뿜는 세라믹 숯을 사용하는데, 고기 굽는 연기가 전혀 없고 고개 냄새도 배지 않아 많은 고객들이 만족한다. 서초사리원에서 불고기와 더불어 자랑하는 것은 바로 와인이다. 한국을 대표하는 음식인 불고기와 와인과의 조합을 위해 다양한 행사나 이벤트를 전개하면서 널리 그 궁합을 알리고 있다. 장 폴레옹 전 프랑스 대사가 '쾌적한 분위기에서 한국식 고기 문화와 프랑스식 와인 문화를 동시에 즐길 수 있는 유일한 곳'이라고 극찬할 만큼 대중화된 와인을 공급한다. 한쪽 벽면이 와인 병으로 장식되어 있을 정도로 나성윤 대표의 와인 사랑은 남다르다. 품질 좋고 맛있는 와인을 값싸게 제공한다는 것이 그의 목표다.

불고기라고 하면 목심이나 앞다리 살을 사용하는 것이 보통이지만 이곳에서는 최상급 꽃등심을 사용한다. 꽃등심을 3mm 얇기로 썬 다음 그 위에 다진 마늘과 배즙을 살짝 뿌린 채로 굽는데, 꽃등심에 퍼져 있는 최상등급의 마블링을 눈으로 확인할 수 있다. 사골을 온종일 고아 만든 육수에 간장을 은은하게 풀어 만든 불고기 소스는 담백하다. 적당히 잘 익은 고기는

과일과 채소즙으로 만들어 놓은 소스에 찍어 먹는데 달콤하면서도 깔끔하다. 소스는 설탕과 일체의 조미료 대신 사과, 배, 레몬, 키위 등 12가지 종류의 과일과 채소즙을 넣고 하루 정도 재운 뒤 사용한다. 계절에 따라 사용되는 과일의 종류가 달라 계절별 소스의 맛이 다소 바뀌기는 하지만 담백하고 깔끔한 맛을 느끼기에는 더함이 없다. 여기에 메밀과 고구마 전분을 반반 섞어 만든 사리를 추가해 먹으면 더욱 더 맛있다. 고구마의 쫄기와 메밀의 거친 맛이 적당히 섞여 있어 충분한 포만감도 느껴진다. 강원도 원주에서 공수해온 직접 담근 시골 된장 또한 이곳 별미다.

주소 서울시 강남구 도곡동 411-5 위치 강남역 사거리에서 교대역 방향 롯데칠성 맞은편 문의 02-3474-5005 영업시간 11:30~22:00 휴무 없음 가격대 2만원 주차 가능

부대찌개
대우식당 / 역삼동

Korean Cuisine

1984년부터 영업 중인 대우식당은 부대찌개 전문점이다. 부대찌개 메뉴 하나만으로 고객의 입맛을 맞춰온 대우식당은 2005년 역삼동으로 이전했다. 부대찌개의 특성답게 3~4인이 함께 식사와 술자리를 겸할 수 있지만 이곳만의 특별한 맛과 부담 없는 가격으로 인해 가족 단위 고객들이 주로 찾는다. 대우식당의 여연숙 점장은 "고객을 만족시키기 위해 많은 시행착오 끝에 지금의 부대찌개를 만들 수 있었다."라고 할 정도로 심혈을 기울였다고 한다.

이곳 부대찌개의 독특한 특징 중 하나는 암소육을 사용한다는 것이다. 대부분의 업체에서는 저급 품질의 쇠고기 다진 것(민스)을 사용하지만, 이곳에서는 한우 암소육을 직접 갈아 넣어 좀 더 진한 육수와 쫄깃한 맛을 느낄 수 있다. 기본으로 들어가는 육수 또한 독특하다. 사골을 고아 만든 육수에 양파와 파, 무, 다시마 등의 재료를 추가로 넣어 끓인 것을 기본 육수로 사용한다. 그리고 1년 이상 숙성한 고추장과 고춧가루, 마늘을 섞어 만든 양념장은 사골육수와 어우러져 매콤하면서도 얼큰한 맛을 낸다. 부대찌개의 가장 중요한 재료인 소시지는 전량 미국산을 사용한다. 국내에서 생산되는 소시지 제품은 미국산 소시지의 맛과 미묘한 차이가 있는데, 미국산은 좀 더 부드러우면서 짭조름한 맛을 지니고 있어 전체적으로 부대찌개의 맛을 살려준다. 한 달에 소시지 구입 비용으로만 300만원 이상 소비할 정도로 소시지에 대한 자부심이 크다. 여기에 미나리와 파, 쑥갓, 버섯, 떡 등 다양한 채소들을 넣고 끓인 뒤 사리를 넣는다.

주소 서울시 강남구 역삼동 641-18 위치 역삼역 6번 출구에서 역삼우체국 방향 문의 02-552-1663 영업시간 09:00~22:00 휴무 없음 가격대 1만원 주차 불가능

떡볶이
마복림원조할머니집떡볶이 /신당동

몇 해 전 '며느리도 몰라'라는 유행어로 전국을 떠들썩하게 만들었던 마복림원조할머니집떡볶이는 우리나라에서 가장 유명한 떡볶이 가게로 꼽힌다. 유행가 가사에 등장할 정도로 신당동 즉석 떡볶이는 한국인은 물론 한국을 찾는 외국인들에게도 많은 사랑을 받고 있다. 지금 이곳만의 떡볶이는 1953년 전쟁 후 마복림 옹이 중국집 개업 행사 때 공짜 떡을 집어들다 자장면 그릇에 떨어뜨린 것을 계기로 생겨났다. 자장면 양념이 묻은 떡을 맛보다 춘장에 고추장을 섞으면 더 괜찮을 듯해 요리한 것이 국민 간식의 시초가 됐다. 과거 이곳은 개천이 흐르던 곳이었는데 주변 학교의 학생들과 극장을 오가던 많은 손님들이 이곳을 찾기 시작했다. 시간이 지나면서 이곳의 떡볶이가 맛있다는 소문이 퍼졌고, 인근으로 비슷한 가게들이 생겨나 지금의 떡볶이 타운이 형성됐다. 현재는 마복림 옹의 세 형제가 함께 운영하고 있으며 두 형제는 인근에 또 다른 떡볶이 가게를 운영하고 있을 정도로 온 가족의 떡볶이에 대한 사랑은 남다르다.

떡볶이 맛의 비결은 뭐니 뭐니 해도 팔 할이 양념이다. 고춧가루와 고추장으로 맛을 조절하는 일반 떡볶이 가게와는 달리 이곳에서는 춘장과 고추장을 일정 비율로 섞어 사용하는데 맵지도 짜지도 않은 절묘한 조합이 군침을 돌게 한다. 여기에 다양한 종류의 사리를 넣어 다양한 사람들의 입맛을 맞춘다.

주소 서울시 중구 신당1동 292-112 위치 신당동 떡볶이골목 왼쪽 첫 번째 집 문의 02-2232-8930 영업시간 08:00~21:00 휴무 첫째, 넷째 주 월요일 가격대 1만원 주차 가능

궁중음식
궁연 /종로

궁연은 '궁궐의 잔치'라는 뜻으로, '현대의 대장금'이라고 불리는 황혜성 씨의 큰딸인 한복려 씨가 문을 연 곳이다. 이곳에선 조선시대 궁궐에서 먹던 음식을 고스란히 재현하고 있다. 주문받은 뒤에 음식을 만들기 시작하는 까닭에 철저히 사전 예약제로 운영된다. 드라마 〈대장금〉의 인기에 힘입어 일본인 방문객들이 폭발적으로 증가해 즐거운 비명을 지르고 있다. **외국인들의 입맛을 사로잡을 정도로 우리나라 전통 문화의 정수인 궁중음식을 경쟁력 있게 선보인다.** 조선 왕조 마지막 임금이었던 고종과 순종을 모셨던 한희순(중요무형문화재 38호) 상궁으로부터 궁중 요리를 전수받은 황혜성 씨로 이어져 내려와 지금은 큰 딸인 한복려 씨가 잇고 있다. 〈대장금〉의 요리 자문을 맡기도 한 한복려 씨는 한식에 대한 이해가 깊다. 궁연은 전통 궁중음식의 세계화를 위한 실험 공간으로 시작해 가장 잘 다듬은 한식을 선보이고 있다.

이곳에서 만든 모든 메뉴는 '음식발기(飮食抜記)'와 '의궤(儀軌)' 등 조선 왕조의 철저한 기록을 바탕으로 재현, 현대인들의 입맛과 정서에 맞도록 조금 변형되었다. 특히 식사하는 모든 순서는 궁중에서 진행되었던 '진어미수(進御味數)' – '진탕(進湯)' – '진어소선(進御小膳)' – '진어대선(進御大膳)' – '진어만두(進御饅頭)' – '진어과합(進御果榼)'으로 구성되어 있으며 오늘날의 코스 요리와 동일하다. 이러한 코스 요리가 너무 길다고 느껴지는 사람들을 위해 간단하게 구성한 '궁연반수라(宮宴飯水剌)'와 '궁연죽수라(宮宴粥水剌)' 메뉴도 있다. 궁중음식과 전골을 중심으로 이루어져 대중적으로 편한 분위기에서 즐길 수 있다.

주소 서울시 종로구 가회동 170-3 위치 안국역 2번 출구 감사원 방향 도보 5분, 북촌미술관 옆 건물 문의 02-3673-1104 영업시간 12:00~21:00 휴무 없음 가격대 3만원 주차 가능

궁연

궁연

된장비빔밥
툇마루집

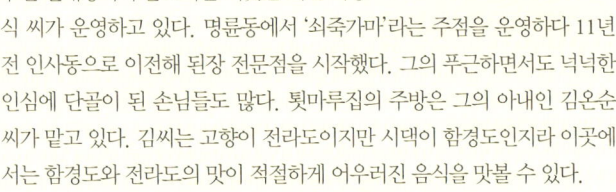

된장비빔밥으로 유명한 툇마루집은 인사동의 명물 식당으로 확고히 자리 잡은 곳이다. 인사동에서 장사를 하거나 서성거리는 사람치고 이곳을 들르지 않은 사람이 없을 정도다. 전통적으로 꾸민 실내장식이 돋보이는 이곳은 시인 박중식 씨가 운영하고 있다. 명륜동에서 '쇠죽가마'라는 주점을 운영하다 11년 전 인사동으로 이전해 된장 전문점을 시작했다. 그의 푸근하면서도 넉넉한 인심에 단골이 된 손님들도 많다. 툇마루집의 주방은 그의 아내인 김온순 씨가 맡고 있다. 김씨는 고향이 전라도이지만 시댁이 함경도인지라 이곳에서는 함경도와 전라도의 맛이 적절하게 어우러진 음식을 맛볼 수 있다.

손맛 좋기로 소문난 신안과 함평에서 가져온 집된장에 풋고추, 두부를 송송 넣어 자박하게 끓인다. 이처럼 소박하게 끓인 된장에는 두부가 듬뿍 들어가 있어 밥을 비벼 먹을 때 두부의 고소함이 더해져 비빔밥의 맛이 한층 풍부해진다. 멥쌀에 조와 보리쌀이 적당히 섞여 있는 잡곡밥 또한 된장의 깊은 맛을 살려준다. 밥 위에 열무김치와 콩나물, 부추, 치커리를 듬뿍 올린 뒤 강된장을 넣고 비비면 이곳만의 된장비빔밥이 완성된다. 그 밖에도 전라도식으로 고춧가루와 식초를 듬뿍 넣고 삭힌 가자미식해가 별미다. '막걸리 감별사'라고 불리는 시인 신경림 선생이 "이곳의 막걸리가 팔도 최고!"라고 극찬한 바 있는 묵직한 맛의 막걸리도 한번 맛보길 권한다.

주소 서울시 종로구 인사동 4-2 중원빌딩 2층 위치 인사동 사거리 입구 질경이한복집 뒤 2층 문의 02-734-7973 영업시간 11:30~22:30 휴무 없음 가격대 1만원 주차 불가능

콩나물국밥
전주한일관 / 역삼동

오랜 전통의 맛을 자랑하는 전주한일관은 박강임 씨가 1954년 전북 전주에서 시작해 1993년 역삼동으로 자리를 옮겼다. 그 후 맏딸 이승문 씨가 대를 이어오고 있다. 인근에 사무실들이 밀집해 있어 '직장인들의 해장국'이라는 별칭을 얻을 정도로 이곳의 콩나물국밥은 많은 사랑을 받고 있다. 비록 지금은 박강임 씨가 일선에서 물러나 있지만 여전히 간만큼은 직접 맞춘다. 오랫동안 한결같은 맛을 유지해 많은 단골손님을 보유하고 있는 비결이다.

이곳에서 사용되는 주요 식재료는 모두 전주에서 공수할 정도로 오랜 전통의 맛을 유지하는 데 힘쓰고 있다. 멸치와 다시마에서 우러나온 육수에 콩나물을 듬뿍 넣고 끓이면 이곳만의 콩나물국밥이 탄생된다. 여기에 새우젓, 고춧가루, 파를 넣어 시원하면서도 얼큰한 맛을 낸다. 찬으로는 기본적으로 깍두기와 배추김치가 나오지만 계절에 따라 갓김치나 부추김치를 곁들일 때도 있다. 콩나물과 마찬가지로 김치에 사용되는 양념도 전주에서 난 것만 쓴다. 이곳에서 사용되는 모든 콩나물은 매일 아침 고속버스로 전주에서 직송된다. 많은 미식가들은 예부터 전주 콩나물을 으뜸으로 쳤다. 그 이유는 전주 지방이 기후와 수질이 콩나물 재배에 최적이었기 때문이다. 특히, 전주 지방의 콩나물은 좀 더 연하면서 숙취를 해소하는 데 탁월한 역할을 한다. '쥐눈이콩'이라고 불리는 서목태를 주로 사용하고 어린아이 손만큼 자라났을 때가 가장 통통하며 아삭함이 살아 있어 맛이 좋다. 콩나물국밥과 더불어 전통 방식으로 빚어낸 '모주'도 남다르다. 막걸리에 생강, 계피, 감초, 대추 등의 한약재를 넣고 오랜 시간 달인 뒤 도수를 2도 이하로 낮춘 모주는 콩나물국밥과 완벽한 궁합을 이룬다. 추운 날씨에는 따뜻하게 데운 것을 가져다주는데, 취기는 금세 오르지 않는다. 한참을 기다려도 식지 않을 정도로 온기를 잘 보존해주는 뚝배기 또한 깊은 맛을 더한다.

주소 서울시 강남구 역삼동 823-35호 위치 역삼역 3번 출구로 나와 내려오다가 하나은행과 우리은행 사이 왼쪽 골목 문의 02-569-0571 영업시간 09:00~22:00 휴무 일요일 가격대 1만원 주차 가능

한우구이
뱀부하우스 / 역삼동

Korean Cuisine

사방이 대나무로 둘러싸인 이색적인 레스토랑이 있다. 〈뉴욕타임스〉에 외국 최고경영자(CEO)들이 선호하는 한식 레스토랑으로 소개된 뱀부하우스(Bamboo House)는 고이즈미 총리부터 머라이어 캐리까지 국내외 수상이나 유명 인사들이 즐겨 찾는 곳으로 유명하다. 지난 1995년 문을 연 이곳은 철저히 예약제로 운영되며 호텔에서처럼 봉사료와 부가세를 요금에 별도로 부과한다. 1996년 건축대상을 받기도 한 이곳은 웅장한 외관에 자연친화적인 실내장식이 눈길을 끈다. 이곳에 들어서면 푸름이 가득한 정원에 온 듯하다. 특히 곳곳에 설치된 예술 작품들이 인상적이다. 높은 가격에 걸맞게 수준 높은 서비스로 외국 손님 접대 및 비즈니스 모임을 하기에 제격이다. 세련된 분위기에서 토속성이 듬뿍 묻어나는 음식을 맛볼 수 있다.

이곳의 인기 메뉴는 바로 한우구이. 그중에서도 생갈비, 꽃살, 꽃등심은 국내에서 최고의 품질을 자랑한다. 마블링이 잘 퍼져 있는 1++ 등급의 최고급 한우를 적절한 숙성을 거쳐 제공하며 테이블마다 담당 서비스 직원이 있어 편리한 식사가 가능하다. 이곳에서 쓰는 모든 식재료는 산지에서 택배로 받아 사용해 신선함을 그대로 느낄 수 있다. 시원한 백김치나 동치미는 이곳의 전매 특허. 20년 전부터 모든 음식에 정수된 물과 얼음을 사용할 정도로 음식에 대한 애정이 각별하다. 음식이 최고의 맛을 내려면 좋은 주재료에 정성과 사랑이 더해져야 한다는 이곳 대표의 요리 철학 덕분에 여전히 맨손으로 나물을 무치거나 양념을 다듬는다. 몇 년 동안 삭혀 세월의 향취가 듬뿍 느껴지는 묵은 김치는 이곳에 들른 사람들이 포장을 해갈 정도로 그 맛이 뛰어나다.

주소 서울시 강남구 역삼동 658-10 위치 차병원 사거리에서 코엑스 방향으로 100m 직진 후, 횡단보도 오른쪽 골목 안 문의 02-566-0870 영업시간 11:00~22:00 휴무 일요일 가격대 3만원 주차 가능

고추장 불고기
삼성집 /북창동

Korean Cuisine

북창동에서 이곳을 모르면 간첩이라고 불릴 정도로 유명한 삼성집. 시뻘건 고추장 불고기와 동그랑땡으로 인기몰이를 하고 있는 삼성집은 1972년 문을 연 이래 지금까지 많은 직장인들의 모임 장소로 사랑받고 있는 곳이다. 개업 당시 현재 바로 옆 건물에 있는 남매집의 건물까지 운영할 정도로 큰 규모였지만, 아들이 대를 이어 인수하면서부터 한 건물로 집중하며 지금까지 그 명성을 이어오고 있다. 근처 '직장인들의 아지트'라는 별칭을 얻을 정도로 저녁 퇴근길, 든든하면서도 소주 안주로는 더없이 제격인 고추장 불고기와 잘 말린 시래기를 넣고 푹 끓인 된장국을 맛보려는 직장인들로 발 디딜 틈이 없다.

이곳을 대표하는 메뉴는 고추장 불고기. 인기 비결은 10여 가지의 과일과 채소를 갈아 만든 뒤 하루 정도 재워 만든 맛깔스러운 고추장 양념에 있다. 다른 곳보다 양파와 생강을 좀 더 넣는 까닭에 중독성이 느껴질 만큼 은근한 매운맛이 난다. 이름은 고추장 불고기이지만 실제로 고추장은 쓰지 않는다. 맵지만 자꾸 손이 가게끔 만드는 이곳만의 매콤함 때문에 직장인들이 즐겨 먹는 소주 안주로도 안성맞춤이다. 고추장 불고기와 더불어 많은 고객들의 사랑을 받는 메뉴는 '냉동 동그랑땡'이다. 동그랑땡이라고 해서 고기와 채소를 다져 만든 큼지막한 동그랑땡을 생각하면 오산이다. 살코기와 비계가 8:2 정도로 섞여 있는 돼지고기 목살을 둥글게 냉동한 뒤 둥근 모양 그대로 얇게 자른 것이 동그랑땡이다. 이렇게 얇게 자른 동그랑땡에 고추장 양념을 흠뻑 얹어 올려 낸다.

주소 서울시 중구 북창동 19-2 위치 시청역 6번 출구로 나와 플라자호텔 뒷골목 문의 02-752-6449 영업시간 11:30~23:30 휴무 격주 일요일 가격대 1만원 주차 불가능

김치찜 한옥집 / 서대문

Korean Cuisine

옛 한옥 건물의 형태를 그대로 간직한 한옥집은 김치찜을 전문으로 하는 곳이다. 점심시간이면 길게 줄이 늘어설 정도로 단골손님 또한 두텁게 형성되어 있다. 과거 한 식품 회사에서 '누룽지 맛 사탕'을 개발하기도 했던 윤철 대표는 어린 시절 먹던 김치지짐을 떠올렸고, 그것에 착안해 김치찜을 만들었다고 한다. 가장 알맞게 익은 김치 맛을 내기 위해 여러 가지 시도를 거듭하며 김치에 이불을 덮어 껴안고 자는 식의 수고도 마다하지 않았다고. 반 년이 넘는 개발 과정을 거쳐 한 달 넘게 고객들에게 무료 미식 테스트를 마친 뒤 맛을 보완해 지금의 김치찜을 완성하게 됐다.

이곳에서 사용하는 김치는 충북 제천에 있는 김치 공장에서 전량 생산된다. 18℃ 이하에서 잘 담근 김치를 5℃ 미만에서 8개월간 저온 숙성시켜 익힌 뒤 고온에서 순간적으로 끓이는 것이 이곳 김치찜 맛의 비결이다. 이처럼 순간적으로 고온에 김치를 끓이게 되면 국물이 좀 더 시원해지고 시큼하면서도 칼칼한 맛이 사라진다. 여기에 질 좋은 국내산 생 돼지고기를 넉넉히 넣고 끓여 성인 남성 두 사람이 나눠 먹어도 충분한 양이 매력적이다.

주소 서울시 서대문구 냉천동 178 위치 서대문역 우체국, 하나은행 뒤편 주택가 골목 문의 02-362-8653 영업시간 10:00~22:00 휴무 명절 가격대 1만원 주차 불가능

낙지볶음
서린낙지 / 종로

낙지로 유명한 무교동에서도 대표격으로 꼽히는 서린낙지. 1959년 문을 열어 지금까지 그 맛을 이어오고 있는 서린낙지는 매콤한 낙지 요리를 즐기기에 더함이 없는 곳이다. 처음 이곳이 문을 열었을 때만 해도 살짝 데친 낙지를 초고추장에 찍어 먹는 것이 전부였지만 주변에 있는 '실비집'의 영향을 받아 매콤한 양념에 버무려 볶기 시작했다.

서해에서 공수된 낙지에 고춧가루와 마늘을 듬뿍 넣은 낙지볶음은 속이 쓰릴 정도로 그 매운맛이 인상적이다. 갖은 양념을 넣고 양념한 낙지와 소시지와 베이컨, 콩나물이 들어 있는 접시를 따로 가져다주는데, 모든 재료를 함께 넣고 매운맛을 조절하면 된다. 영업 초창기에는 낙지만을 따로 먹는 '따로낙지' 볶음을 선보였으나 손님들이 모든 재료를 함께 섞어 먹으면서 지금의 메뉴로 대중화되었다. 살짝 데친 낙지는 센불에서 볶아야 하는데, 이보다 오래 볶으면 낙지의 살이 질겨져 버리고, 덜 볶으면 물컹하여 먹을 수 없다. 또한 제대로 된 고춧가루를 넣어야 예쁜 색깔이 나오므로 국내산 태양초만을 사용한다. 물이 많은 낙지는 고춧가루가 잘 배지 않아 처음에는 센불로 볶아야 하며 그 후에는 불을 가장 약하게 줄여 최대한 물이 배어나오지 않도록 조리해야 한다. 잘 볶은 낙지볶음은 뜨거운 밥, 조개탕, 단무지를 적당히 함께 곁들여 먹어야 다음 날 속이 쓰리지 않다. 커다란 대접에 낙지볶음을 넣은 뒤 참기름 몇 방울을 넣고 비벼 먹어도 맛있다.

주소 서울시 종로구 종로1가 르메이에르 타운 2층 위치 광화문역 교보문고 맞은편 버거킹 골목 문의 02-735-0670 영업시간 10:00~23:00 휴무 명절 가격대 1만원 주차 가능

닭갈비 희래 / 양재동

Korean Cuisine

희래에서는 참나무 숯에서 구운 오리지널 닭갈비를 맛볼 수 있다. 평일 저녁이면 6시부터 이미 식당 안은 만석이고 가게 앞 초벌구이 불판은 신나게 연기를 뿜고 있다. 예약 없이 온 손님들은 이름이 호명되기까지 한참을 기다려야 하지만 이곳 닭갈비를 맛보기 위해 누구 하나 불평하는 법 없이 기다린다. 개업 당시부터 질 좋은 닭을 이용해 닭갈비를 만들어 다른 곳에서 만든 고추장 범벅의 닭갈비와는 확연히 차별화된다. 희래에서 사용하는 모든 닭은 영계가 아닌 중급 이상의 육계로 한 마리 가격이 1만6000원 정도이다. 프라이드 치킨 한 마리의 가격과 맞먹을 정도로 비싸지만, 큰 생닭에서 뿜어져 나오는 육즙과 고깃살의 탄력을 양보할 수 없다는 이곳 대표의 경영 철학 덕분에 여전히 좋은 닭을 사용한다.

부위별로 손질한 한 마리의 닭을 고춧가루, 마늘, 간장 등을 넣고 만든 특제 양념 소스에 하루 동안 재운다. 일체의 합성 조미료와 자극적인 양념은 사용하지 않는다. 24시간 동안 재워 적절하게 양념이 잘 밴 닭고기는 참나무 숯불에서 초벌구이한다. 화력 좋은 숯불에서 구우면 닭고기의 기름은 쫙 빠지고, 질 좋은 숯의 연기가 고기에 배어들어 최상의 맛을 낸다. 닭갈비에 곁들여 먹으면 좋은 시원한 동치미 국물과 된장류도 모두 이곳에서 직접 만든다.

주소 서울시 서초구 양재2동 368번지 세원빌딩 1층 위치 언남중학교와 서초우체국 사이 문의 02-572-6616 영업시간 10:30~23:30 휴무 없음 가격대 1만원 주차 가능

닭곰탕
닭진미강원집 / 남대문시장

갈치골목으로 유명한 남대문시장에서 50년이 넘게 한자리를 차지하고 있는 닭진미강원집은 진한 닭곰탕으로 꾸준한 사랑을 받고 있는 곳이다. 이곳은 남대문시장의 상인들부터 인근 넥타이 부대까지 폭넓은 지지를 받고 있다. 최근 들어서는 여러 맛집 가이드북에 실린 덕분인지 일본인 관광객들의 모습도 쉽게 찾아볼 수 있다. 허름한 실내에서 세월의 흔적을 엿볼 수 있는데, 2층으로 오르는 아찔한 나무 계단과 계속 사용해온 의자 및 식탁, 식기에서 옛 향수가 느껴진다.

식사 시간, 수많은 사람들이 찾는 음식은 바로 닭곰탕이다. 수십 개 가스버너 위에 끓고 있는 양은냄비는 그야말로 진풍경을 이룬다. 단시간에 진한 맛을 내야 하기 때문에 열 전도율이 높은 양은냄비를 사용한다. 양은냄비에 넣고 센불에 끓여 국물 맛은 비리지 않고 깔끔한 맛을 내며 육질의 쫄깃쫄깃한 식감을 높였다. 인공 조미료를 사용하지 않고 닭에서 나오는 깔끔한 닭육수 맛이 50년 전통을 말해주고 있다. 특별히 이곳에서만 맛볼 수 있는 닭내장탕은 주말에는 팔지 않고 평일 오후 4시 이전에만 먹을 수 있다. 시골의 맛 그대로 옮겨놓은 듯 이곳의 닭 요리는 담백함 그 자체이다.

주소 서울시 중구 남창동 34-139 위치 남대문시장 갈치골목 문의 02-753-9063 영업시간 07:00~21:00 휴무 첫째, 셋째 주 일요일 가격대 1만원 주차 불가능

메밀국수 미진 /중로

Korean Cuisine

미진은 무려 50년이 넘은 역사를 가진 메밀국수집이다. 고(故) 안평순 씨가 운영하던 것을 1978년 이영주 씨가 인수하여 현재까지 그 맛을 이어오고 있다. 청진동에 가게를 연 것이 1954년. 처음 문을 연 안씨는 메밀이 건강 식품이라는 점에 매료되어 이곳을 열게 됐다고 한다. 개업 당시부터 많은 사람들이 몰렸는데 미진에 오면 언제나 줄서서 기다렸다 먹어야 할 만큼 많은 사람들이 즐겨 찾았다. 한번 찾은 사람은 단골이 된다는 말이 있을 정도로 개업 때부터 드나들던 단골이 무척 많다. 특히 고(故) 박정희 전 대통령도 이곳의 메밀국수를 즐겼으며, 고(故) 김기창 화백 또한 단골 음식점으로 미진을 꼽았다. 현재 미진은 도심 재개발 사업에 따라 청진동 골목을 떠나 최신식으로 정돈된 식당가로 자리를 옮겼다.

이곳에 들어서면 낙지볶음밥, 묵은지 김치찌개 등 다양한 메뉴를 볼 수 있지만 많은 사람들이 찾는 것은 딱 한 가지, 메밀 요리이다. 메밀은 봉평이나 평창에서 공수해오며, 지하에 국수 뽑는 시설을 따로 갖춘 만큼 메밀 요리에 정성을 쏟고 있다. 뭐니 뭐니 해도 메밀국수의 맛은 양념장에 달려 있다. 면발을 찍어 먹는 양념장의 맛이 적절하지 못하면 아무리 국수를 잘 삶아도 제대로 된 맛을 내지 못하기 때문이다. 미진에서는 양념장을 만드는 데 무려 14가지의 재료를 쓴다. 무, 다시마, 쑥갓, 파 등을 넣고 삶은 뒤 멸치와 가다랑어포 등을 넣고 끓이는데, 이 과정을 여러 번 반복하여 완성한다. 이렇게 만든 양념장을 차갑게 식힌 뒤 무 간 것을 넣고 즐기면 된다. 면발을 여러 번 적셔 먹다 보면 농도가 묽어지지만 양념장이 항상 테이블 위에 비치되어 있어 언제든지 간을 맞출 수 있다.

주소 서울시 종로구 종로1가 24번지 위치 종각역 1번 출구 르메이에르종로타운 1층 문의 02-730-6198 영업시간 10:00~22:00 휴무 일요일, 명절 가격대 1만원 주차 불가능

평양냉면 을지면옥 / 을지로

을지면옥은 평양냉면을 대표할 만큼 명가 중의 명가다. 복잡한 을지로 공구 가게들이 가득한 거리 한켠에 자리 잡고 있어 초행길이라면 단번에 찾기 쉽지 않다. 하지만 식사 시간 삼삼오오 모여드는 어르신들을 뒤쫓다 보면 을지면옥을 발견하게 된다. 입구에 들어서면 오랜 세월을 거친 듯한 액자 속 사진에 시선이 모아지는데, 다양한 곳에서 받은 상장도 눈에 띈다. 한편, 의정부 평양면옥에서 시작된 을지면옥은 본가 평양면옥, 필동면옥과 함께 한 집안 사람들이 꾸려가고 있다. 면과 육수의 맛을 그대로 전승하고 있다는 평이다.

을지면옥의 냉면 맛은 삼삼하다. 육수 맛이 투명해 맹물인 줄 착각할 정도다. 많은 미식가들 사이에서는 이게 진짜 '평양식'이라는 찬사를 듣고 있는 을지면옥의 물냉면은 양념이 전혀 들어가지 않아 순수한 냉면의 맛을 느낄 수 있다. 동치미 국물을 섞는 다른 곳과 달리 이곳의 육수는 은은하면서 고소한 맛을 지니고 있다. 약간의 무 고명과 채썬 배가 들어간 냉면 외에 다른 반찬은 전혀 제공되지 않으며 냉면 위에 고춧가루가 살짝 올라가 있는 것이 이곳만의 특징이다. 육수의 은은한 맛과 고춧가루의 미세한 쌉싸래한 맛이 어우러져 살짝 거친 맛을 내는데, 이 맛을 한번 본 사람들이라면 조미료를 듬뿍 넣고 시큼하게 만든 냉면을 피해 이곳의 단골이 된다. 깔끔한 맛의 육수와 더불어 메밀을 듬뿍 넣고 만든 면발은 찰기가 가득하여 씹는 맛이 일품이다. 추가 사리나 돼지 편육을 곁들여 먹으면 좀 더 든든한 식사를 즐길 수 있다.

주소 서울시 중구 입정동 161번지 위치 을지로3가역 5번 출구 주변 문의 02-2266-7052 영업시간 11:00~22:00 휴무 첫째, 넷째 주 일요일 가격대 1만원 주차 불가능

장어구이
남서울민물장어 / 논현동

1984년 문을 연 남서울민물장어는 서울에서 제대로 된 장어구이를 맛볼 수 있기로 유명한 곳이다. 장어는 200g 정도 되는 크기가 가장 맛있는데, 그중에서도 1kg에 다섯 마리가 올라간다는 뜻인 '오미장어'를 최고로 친다. 남서울 민물장어는 이러한 오미장어만을 내놓는다고 해 더욱 더 유명해졌다. 이곳의 장어는 전남 선운사 주변 지역에서 양식한 국내산 장어만을 사용한다.

주문하면 50cm는 족히 될 만한 큼직한 장어를 불판 위에 올려놓는다. 기름이 많은 장어의 특징상 앞뒤로 여러 번 뒤집어 가면서 구워야 하지만 종업원들의 재빠른 손놀림으로 전혀 타는 법이 없다. 장어를 구우면서 함께 곁들이는 고소한 장어죽은 장어 향이 은은하게 배어나와 식전 입맛을 살리는 데 도움이 된다. 민물장어는 소금구이로 구워야 제맛이지만 이곳에서만큼은 아닌 듯하다. 각종 한약재를 넣고 다섯 번이나 끓인 양념 소스는 전혀 자극적이지 않다. 단맛이 강조된 캐러멜 소스의 맛이 아닌, 은은하면서도 들큼한 맛이 살아 있어 장어의 담백한 맛과 잘 어우러진다. 간장과 한약재의 균형 있는 소스의 배합은 장어의 탱탱한 육질과 잘 어울리는데, 이런 소스를 앞뒤로 3~4번 정도 발라주면서 차분히 구우면 장어구이가 완성된다. 장어구이와 별도로 장어뼈를 반나절 끓인 뒤 배추와 된장으로 맛을 낸 구수한 장엇국은 장어구이와 더불어 이곳을 대표하는 별미다.

주소 서울시 강남구 논현동 204-3 위치 논현역에서 도보 10분 거리의 노보텔앰배서더 강남 건너편 문의 02-544-1010 영업시간 12:00~24:00 휴무 명절 가격대 2만원 주차 가능

보쌈
홍익보쌈 /홍대 앞

Korean Cuisine

10여 년 전 홍대 앞에 문을 연 홍익보쌈은 마포 명소로 자리 잡았다. 전라도가 고향인 주인은 보쌈집을 차리기 전 전라도 음식점을 운영했던 경험을 바탕으로 정갈하고 담백한 음식을 만들어 낸다. 처음 홍대 앞에서 보쌈집을 차릴 때만 하더라도 주위에서는 '대학가에 보쌈집이 잘되겠느냐?'라는 우려의 시선을 보냈지만 그러한 말을 비웃기라도 하듯 이제는 홍대 앞을 찾는 사람이라면 한 번쯤은 방문해야 하는 곳이 됐다.

질 좋은 국내산 돼지 목살을 온종일 삶기 때문에 언제 방문하더라도 고기의 진한 맛을 맛볼 수 있다. 이곳에서 한번 삶은 고기는 두 시간 내에 모두 소비해야 한다는 것이 원칙이다. 아침에 삶은 고기를 고객이 방문했을 때 데워 내놓으면 고기 특유의 육질이 나오지 않을뿐더러 자칫 누린내가 날 수도 있기 때문이다. 이곳에서는 신선한 생고기를 바로 삶아 내므로 고기를 씹을수록 풍부한 육즙과 부드러운 비계를 즐길 수 있다. 보쌈과 더불어 풍성하게 담겨 있는 배추, 싱싱한 굴이 담긴 시뻘건 김치 또한 보쌈의 맛을 살려준다. 전라도 입맛 특유의 시원함을 강조한 김치는 색깔은 다른 곳보다 좀 더 화려하지만 조금 덜 매운맛을 지니고 있다. 보쌈김치는 이틀에 한 번은 담가야 할 정도로 많은 사람들이 찾는다. 보쌈과 함께 곁들이는 굴 또한 이곳에서만 맛볼 수 있는 별미. 겨울철 공수되는 생굴은 언제 맛봐도 맛있지만, 홍익보쌈에서 사용하는 굴은 그 씨알이 유난히도 굵다. 당일 사용하는 굴은 그날 새벽에 구입하는 것은 물론, 일체 냉동하지 않는다. 그날 사용한 굴이 남으면 모두 폐기 처리하는 주인장의 경영 철학 덕분에 이곳에서는 바다에서 갓 잡아 올린 신선한 굴을 맛볼 수 있다. 식사를 마칠 때까지 무한정 제공되는 선짓국도 고객들의 입맛을 사로잡는다.

주소 서울시 마포구 서교동 365-7 위치 홍대입구역 5번 출구로 나와 서교호텔 뒤 서교쇼핑센터 옆 문의 02-323-3773 영업시간 17:00~05:00 휴무 없음 가격대 2만원 주차 불가능

빈대떡
순희네 / 묵은

비 오는 날이면 생각나는 빈대떡. 맛있는 빈대떡을 먹고 싶다면 종로5가 광장시장의 빈대떡골목으로 가야 한다. 광장시장 내에 옹기종기 몰려 있는 가게 중에서 가장 손님이 많이 몰리는 곳을 찾다 보면 순희네를 발견할 수 있다. 아침에 문을 열기 시작하면 하나둘씩 몰려드는 손님들이 점심 때를 지나면서 그 절정에 이른다. 노점 앞에서 굽는 빈대떡은 두께가 약 3cm로 두툼하며, 고소한 빈대떡 냄새 때문에 누구 하나 이곳을 그냥 지나치기가 어렵다. 한쪽에서는 끊임없이 돌아가는 전기 맷돌 위로 생녹두가 쉴 새 없이 갈리고 있고, 그 옆으로는 여러 장의 빈대떡들이 한꺼번에 쌓인다.

"당시나 지금이나 세월이 흘렀지만 빈대떡의 크기는 같다."라고 말할 정도로 푸짐한 인심을 담아 낸다. 생녹두를 곱게 간 반죽에 숙주, 김치, 대파를 넣고 충분히 반죽한 다음 옥수수 식용유를 두른 철판에 굽는다. 빈대떡의 두께가 두꺼워 거의 튀긴다고 하는 것이 옳은 표현일 듯싶다. 그렇기에 겉은 바삭바삭하며 속은 부드러운 맛을 유지할 수 있다. 약간 심심한 듯한 녹두에 잘 숙성되어 새콤한 맛을 내는 김치가 섞여 간이 잘 맞는다. 김치는 전남 장성의 과수원 저장소에서 숙성하며 정기적으로 가져와 사용한다. 이렇게 잘 숙성된 김치, 녹두의 맛과 더불어 최고의 빈대떡의 맛을 내기 위해서라면 빈대떡을 굽는 능숙한 기술이 필요하다. 이곳에서 수년째 빈대떡을 구워온 추씨의 기술을 지켜보고 있노라면 절로 탄성이 나온다. 넉넉한 기름에서 두툼하게 부치는 빈대떡은 둘이서 한 장만 먹어도 충분할 정도로 넉넉한 양을 제공하며 막걸리 한 잔도 빼놓을 수 없다.

주소 서울시 종로구 종로5가 138-9 위치 종로5가 보령약국 맞은편 광장시장 동문으로 10m 문의 02-2268-3344 영업시간 08:00~24:00 휴무 명절 가격대 1만원 주차 가능

샤브샤브
신정 /역삼동

Korean Cuisine

1965년 명동에 문을 연 신정은 대한민국에 '진기스칸'이란 이름으로 샤브샤브를 처음 선보인 곳이다. 그 당시만 해도 샤브샤브를 어떻게 먹는지 몰라 많은 에피소드들이 있었다고 한다. 몇 해 전까지만 해도 신정의 내부는 오랜 세월을 반영하듯 투박한 분위기였지만, 얼마 전 재단장한 후 깔끔하고 세련된 느낌이 드는 공간으로 탈바꿈했다. 1층과 2층으로 구성되어 있는 실내는 조용한 식사를 원하는 고객들의 성향을 반영한 듯하다.

샤브샤브야말로 신정을 대표하는 메뉴다. 박승문 회장이 한국인의 입맛에 맞게 몇 년간의 연구를 거쳐 개발해 낸 샤브샤브는 시원한 육수와 고기 맛이 일품이다. 단지 뜨거운 국물에 재료를 넣고 먹는 음식이라 단순하게만 느껴지지만 샤브샤브를 만드는 과정에 맛의 비밀이 숨겨져 있다. 이곳에서 사용되는 모든 해산물은 전남 여수에서 공수된다. 조개, 멸치, 다시마 등 신선한 해산물로 끓여 육수를 만들고, 고기는 1등급 한우를 2mm로 썰어 내놓는다. 고기가 너무 얇으면 쉽게 부서져 고유의 맛이 약해지며, 또 고기가 너무 두터우면 퍽퍽한 맛을 내므로 고기의 두께를 조절하는 것이 관건이다. 육수 온도를 조절하는 것 또한 중요한데, 처음 끓기 시작한 뒤 80℃ 정도로 유지하는 것이 재료와 육수가 최적의 맛을 내도록 하는 비결이다. 레몬즙을 듬뿍 넣고 만든 소스는 조금 강한 편이지만 고기의 진한 맛과 잘 어우러져 입맛을 돋운다.

주소 서울시 강남구 역삼동 828-2 위치 강남역 1번 출구로 나와 한빛은행에서 오른쪽으로 150m 가다가 왼쪽 문의 02-554-1033 영업시간 11:30~22:00 휴무 없음 가격대 3만원 주차 가능

선지 국밥
시골집

북적이는 종로 거리 뒤편에 있는 피맛골에는 유난히도 국밥집이나 선술집이 많다. 두 사람이 지나가면 어깨가 부딪힐 정도로 좁은 골목이지만 이곳을 찾는 사람들의 수는 여전하다. 피맛골 초입에 있는 시골집은 말 그대로 옛 시골 장터의 국밥을 맛볼 수 있는 곳이다. 너른 마당에 자리 잡은 가마솥이 인상적이다. 마당 한가운데 걸린 커다란 솥 두 개에서 끓고 있는 국밥은 입구에서부터 식욕을 돋운다. 이와 더불어 오밀조밀하게 구성되어 있는 방은 국밥 맛을 알고 찾아온 사람 혹은 일행과 아무 상관없는 사람들끼리도 밥을 먹고 이야기를 나눌 수 있게 만든다. 뜨끈하게 달군 온돌방에서 즐기는 국밥 한 그릇의 맛을 위해 남녀노소 가리지 않고 많은 손님들이 이곳을 찾는다.

넉넉하게 담은 선지와 손으로 뜯어놓은 쇠고기, 무와 파, 고추기름이 넉넉하게 담겨 있는 선지 국밥은 이 집 음식의 백미이다. 금세 잡은 신선한 소의 피를 한번 삶아 두었다가 만드는 선지해장국은 걸쭉한 국물에 건더기가 가득 들어 있다. 젤리같이 탱탱한 탄력이 느껴지는 선지는 신선해야만 만들 수 있다. 토란과 우거지대가 주를 이루는 건더기는 오랜 시간 끓여 부드럽게 국물 속으로 녹아 들어가 있다. 육개장과 같은 얼큰한 맛이 나게끔 끓였다. 사골 국물에다 양지와 사태를 넣고 온종일 끓인 육수가 이곳 국밥 맛의 비밀이다. 여기에 쇠고기를 곱게 다진 뒤 달콤하게 양념해 석쇠에 구운 석쇠불고기와 모둠전은 국밥에 곁들여 먹어야 제맛이다. 모양새는 볼품없어도 소박하지만 깊은 맛이 우러난 국밥은 많은 사람들에게 사랑받는 음식이다.

주소 서울시 종로구 종로2가 12-1 위치 종로2가 YMCA 뒤편 문의 02-734-0525 영업시간 11:30~22:00 휴무 없음 가격대 1만원 주차 불가능

시골집

순대
마장왕순대 / 왕십리

부추겉절이를 순댓국에 넣어 먹는 것으로 유명한 마장왕순대. 최영희 사장이 부산 서면에서 순대 장사를 하다 마장동으로 올라온 지 벌써 30년째다. 10명이 들어가면 꽉 찰 정도로 가게는 좁고 허름하다. 가게 안에는 여러 매체에서 보도된 방송 홍보 사진들이 벽면을 가득 메우고 있지만 어느 하나 이에 신경 써서 찾지는 않는 듯하다. 추운 날씨에도 많은 사람들이 순댓국을 먹기 위해 길게 줄을 서 기다리지만 이에 대한 배려는 전혀 없다. 하지만 사람들은 기어코 순댓국을 먹기 위해 자기 순서를 기다린다.

뽀얀 국물에 넉넉하게 순대가 들어 있는 순댓국. 어른 팔뚝만큼 커다란 크기를 자랑하는 순대는 이곳의 대표 메뉴이다. 돼지뼈와 고기를 넣고 온종일 삶은 육수와 마장동에서 당일 공수되는 신선한 돼지 내장이 순대 맛의 비결이다. 당면보다는 찹쌀을 듬뿍 넣어 쫄깃한 맛을 강조한 찹쌀왕순대는 다른 곳에서는 맛볼 수 없는 별미다. 마장왕순대에서 만든 순댓국은 부산식으로, 돼지뼈와 돼지머리를 넣고 온종일 끓인 육수에 돼지머리를 두툼하게 썰어 넣는다. 여기에 부추겉절이를 듬뿍 올려 먹으면 좀 더 얼큰한 맛을 즐길 수 있다. 이곳의 순댓국은 돼지 맛을 강조하는 부산 돼지국밥답게 돼지고기 외에는 어떠한 재료도 들어가지 않는다. 깨끗하고 담백한 맛을 자랑하는 마장왕순대는 순대나 머리 고기를 먹기 위해서라면 고추장 양념이 필수라고 생각하는 사람들에게 신선한 충격을 준다. 마장동 축산시장에서 공수되는 신선한 돼지의 내장을 사용하는 까닭에 누린내가 나지 않는다. 이곳의 부추겉절이도 맛있지만 깍두기도 일품이다. 무의 맛이 그대로 살아 있는 깍두기는 다른 곳보다 좀 더 삼삼하게 간을 해 달콤하면서 시원한 맛이 난다. 순대를 깍두기 국물에 찍어 먹는 사람도 있을 정도로 그 맛이 좋다.

주소 서울시 성동구 마장동 574 위치 왕십리역 2번 출구로 나와 300m 직진 문의 02-2297-0100 영업시간 24시간 휴무 첫째, 셋째 주 일요일 가격대 1만원 주차 불가능

순두부 백년옥 / 서초동

Korean Cuisine

예술의전당 맞은편에 자리 잡은 백년옥은 각종 두부 요리로 정평이 나 있는 곳이다. 설악산 아래 속초 학사평의 흰 순두부를 이곳에서 그대로 재현했다. 강원도에서 직접 키운 콩을 갈아 미시령의 천연 간수를 넣은 자연식 순두부를 만들고 있는 것. 이곳에서 만든 두부는 부드럽고 맑은 것이 특징이다. 식사를 마치고 돌아가는 길에는 비지를 챙기는 것도 잊지 말아야 한다. 두부를 만들고 남은 콩비지는 현관 앞에 놓여 있는데 원하는 만큼 가져갈 수 있다.

백년옥에서는 맷돌로 곱게 갈아 만든 자연식 순두부만을 사용한다. 고춧가루를 넣지 않고 만들어 우유와 같은 담백한 맛을 느끼기에 더함이 없다. 순두부백반은 전혀 조미를 하지 않은 순두부 덩어리를 제공하며 여기에 간장양념을 얹어 먹으면 된다. 백반 외에도 시뻘건 고춧가루를 넣고 끓인 순두부찌개는 칼칼한 양념 맛에 진한 두부 맛을 곁들인 인기 요리다. 그 외에도 다양한 채소와 콩비지를 넣고 만든 콩비지찌개나 도토리묵도 많은 사람들에게 사랑받는 메뉴들이다. 보통 콩비지는 돼지비계를 넣고 끓이는데, 이곳에서는 멸치와 새우젓을 넣고 끓여 한층 더 감칠맛을 느낄 수 있다. 조미료를 일체 사용하지 않은 밑반찬 역시 흠잡을 데 없이 깔끔하다.

주소 서울시 서초구 서초3동 1450-6 위치 예술의전당 오페라하우스 길 건너 맞은편 문의 02-523-2860 영업시간 11:00~22:00 휴무 명절 가격대 1만원 주차 가능

육회
육회자매집 /육회

Korean Cuisine

육회자매집은 30여 년의 세월 동안 김민자, 김옥희 씨 두 자매가 이끌어온 육회 전문점이다. 이곳은 동대문 광장시장 내 육회골목을 만든 원조집으로 수많은 사람들의 추억을 담고 있다. 최근 들어 실내를 깨끗하게 보수, 옛날의 추억이 사라진 듯해 조금은 아쉽지만, 수십 년의 세월을 견딘 간판만은 여전히 오래된 세월을 증명하고 있다. '이렇게 누추하고 좁은 골목에 손님이 있을까?'라는 생각은 식당 가득 꽉 차 있는 손님들로 인해 눈 녹듯 사라진다. 매일 오후가 되면 하나둘씩 손님이 몰리기 시작하는데 젊은 여성들부터 어르신들까지 이곳 육회 맛에 빠진 단골손님들이 늦은 밤까지 문전성시를 이루곤 한다.

매일 오전이면 그날 사용할 쇠고기가 도착하는데, 이곳만큼 질 좋고 신선한 고기를 사용하면서도 저렴한 가격을 유지하는 곳은 흔치 않다. 많은 사람들이 자매집을 최고로 꼽는 이유 중 하나는 분위기가 한몫한다. 어느 누구와 가더라도 소주 한잔 걸칠 수 있는 선술집 분위기는 맛있는 육회와 더불어 최고의 맛을 낸다. 강원도 일대에서 자란 육우를 매일 새벽 마장동 축산시장에서 공수해 오는데, 모든 고기는 매일 아침 당일 사용할 만큼만 가져오므로 항상 최고의 신선도를 자랑한다. 이곳의 육회는 고깃결의 반대 방향으로 썬다. 5mm의 두께로 약간 두툼하면서도 길게 썬 고기를 소금과 설탕만으로 간을 한다. 쇠고기를 고깃결의 반대 방향으로 썰기 때문에 쫄깃쫄깃한 맛을 즐기기에 일품이며 소금과 설탕만으로 간을 한 육회는 고기 그 자체의 맛을 느낄 수 있다. 매일 아침 썰어 놓는 육회는 당일 모두 소비한다는 원칙이다. 지금까지 한 번도 남은 적이 없었을 뿐 아니라 혹시라도 고기가 남으면 식구들이 모여 먹는다고 한다. 육회를 손질하면서 남은 자투리 쇠고기로 시원하게 끓인 뭇국도 일품이며 육회와 더불어 간, 천엽도 별미로 많은 고객들의 사랑을 받고 있다.

주소 서울시 종로구 종로4가 177 광장시장 위치 광장시장 내 육회골목 문의 02-2274-8344 영업시간 09:00~23:00 휴무 일요일 가격대 1만원 주차 불가능

청국장
사직분식 /종로

사직분식은 흔한 분식집 간판을 달고 있지만 메뉴판에는 그 흔한 분식이 없다. 허영만 화백의 만화 〈식객〉에 등장한 이곳의 메뉴는 청국장, 두부찌개, 제육볶음이 전부다. 벌써 문을 연 지 15년이 훌쩍 지났지만 특별한 홍보 없이도 점심 시간이면 앉을 자리가 없을 만큼 그 맛 하나로 인정받은 곳이다. 이곳의 사장님은 한때 경동시장에서 청국장 공장을 운영할 정도로 청국장에 조예가 깊었고 그때 시어머니께 청국장 뜨는 법을 전수받았다고 한다. 그 후 자신만의 청국장을 완성했고 이곳에서 조그마한 가게를 차리게 됐다. 주인장 아주머니가 처음 가게를 차렸을 때에는 동네에 퍼지는 청국장 냄새 때문에 동네 주민들의 원성을 막기 위해 상당한 양의 청국장을 퍼주기도 했다고 한다.

뚝배기가 아닌 국그릇에 한껏 담겨 있는 사직분식의 청국장은 진한 맛으로 입맛을 돋운다. 별다른 조미를 하지 않은 청국장에 청양고추와 대파를 곁들여 살짝 매콤한 맛을 가미했다. 손으로 듬성듬성 뜯어놓은 두부는 청국

장의 고소한 맛을 흠뻑 흡수한 듯 촉촉한 맛이 매력적이다. **청국장의 전체적인 맛은 진하지만 냄새가 그리 강하지 않은 것은 모두 청국장을 띄우는 기술 덕분이다.** 콩을 메주로 만들어 상당 기간 발효시키는 메주와는 달리, 생콩을 삶은 뒤 발효실에서 솜이불이나 담요로 덮은 뒤 인위적으로 발효시키기 때문에 청국장의 발효 기간과 시간을 맞추기란 상당히 까다롭다. 청국장과 더불어 붉은 기름이 둥둥 떠 있는 두부찌개는 보너스다. 뒷맛이 개운하면서 얼싸한 두부찌개는 돼지고기 특유의 누린내가 나지 않아 사람들이 즐겨 먹는다. 식사를 하다 보면 어느새 공깃밥을 추가하게 되는 밥도둑이라 칭할 만하다. 이곳에서 청국장과 더불어 제공되는 아홉 가지의 메뉴는 상을 한층 더 푸짐하게 만들어 준다.

주소 서울시 종로구 필운동 137-4 위치 경복궁역에서 독립문 쪽으로 올라가다 사직공원 방향 문의 02-736-0598 영업시간 11:00~20:30 휴무 일요일 가격대 1만원 주차 불가능

콩국수
진주회관 /소공동

Korean Cuisine

영양의 보고라고 불리는 콩국수를 잘하는 진주회관은 여름이면 걸쭉한 콩국수를 먹으려는 사람들로 인산인해를 이룬다. 여의도 '진주집'의 콩국수와 비교가 되곤 하는데 상호에서 알 수 있듯 한 형제가 운영한다. 한철 장사인 콩국수를 전면에 내세우는 집은 그리 흔치 않지만 진주회관에서만은 예외일 듯싶다. 사무실이 밀집한 소공동 일대가 한산해지는 주말에도 하루에 1000그릇씩 콩국수를 팔고 있다. 진주회관의 겨울 메뉴인 김치찌개도 유명하지만 장안 최고로 평가받는 콩국수가 역시 이곳을 대표한다. 콩국수가 더없이 잘 어울리는 한여름엔 입이 떡 벌어질 정도로 긴 행렬이 이어지니 식사 시간을 피해 가는 게 좋겠다.

콩국수의 생명은 역시 국물이다. 진주회관의 콩국은 진한 두유처럼 고소하다. 그 이유는 콩국 만드는 과정을 보면 자연스레 이해가 된다. 강원도에서 재배하는 토종 황태콩을 물에서 10시간 정도 충분히 불린 뒤 끓인다. 콩은 끓이는 시간이 대단히 중요하다. 과하면 역겨운 맛이 느껴지며, 덜 익으면 떫은맛이 나기 때문이다. 콩이 다 불면 끓이는데 끓을 때 생기는 거품은 계속해 걷어 내야 하며 국물이 끓어오르면 찬물을 넣고 가라앉혀야 한다. 이러한 과정을 몇 번이고 반복하며 체에 내린 뒤 찬물로 헹군다. 이렇게 끓인 콩을 믹서에서 갈면 콩국이 완성된다. 최근 들어 콩국에 두유나 호두, 잣 등을 넣고 함께 갈아 특별한 맛을 첨가하는 경우도 볼 수 있으나 이곳에서는 오로지 대두 하나의 맛으로 승부한다. 차갑게 식힌 콩국에 가는 소면을 삶아 넣으면 콩국수가 완성된다. 유난히도 쫄깃한 면발과 진한 콩국이 잘 조화를 이루며 새콤한 김치 맛도 일품이다.

주소 서울시 중구 서소문동 120-35 위치 삼성 본관 뒤 시청역 9번 출구 오른쪽 언덕 위
문의 02-753-5388 영업시간 10:30~22:00 휴무 없음 가격대 1만원 주차 불가능

족발
평안도족발집 / 장충동

장충동 대로변으로 원조 족발 가게가 많지만 1960년에 문을 연 평안도족발집은 그야말로 원조 중의 원조라고 할 수 있다. 뛰어난 맛으로 1년 내내 손님들의 발걸음이 끊이지 않던 곳이었지만 얼마 전 허영만 화백의 만화 〈식객〉으로 다시 한 번 대중들에게 알려지면서 장충동 족발의 뛰어난 맛을 알리고 있다. 50년 넘게 이곳을 지켜온 이경순 옹은 평안북도 곽산에서 태어나 광복 후 서울로 내려왔지만 생활이 여의치 않았다. 어려운 생활고를 이기기 위해 허름한 테이블 몇 개만을 놓고 족발을 안주로 내어 놓았는데, 이때부터 이북 돼지족발의 맛에 반한 손님들이 늘어나면서 이를 계기로 장충동에 족발집들이 성행하기 시작했다. 족발을 처음 만들 당시부터 지금까지 그 맛이 변함없을 정도로 일관성을 유지하고 있다.

웬만한 남자의 팔뚝만한 돼지족발을 잘 손질한 뒤 가마솥에 넣고 물과 조선간장, 대파, 생강, 한약재 등으로 기본 양념을 만든다. 이곳 족발의 맛의 비밀은 뭐니 뭐니 해도 '양념장국'에 있다. 개업 당시부터 지금까지 한 번도 불이 꺼진 적 없이 끓고 있는 장국솥은 돼지족발 특유의 누린내를 말끔히 없애는 역할을 한다. 장국은 오랫동안 끓여서인지 기름 냄새로 약간 역한 듯하지만 쉬지 않게 자주 끓이며 묽기가 연해지면 간장으로 그 맛을 채운다고 한다. 삶은 족발은 부드러운 육질을 뽐낸다. 족발이라고 하기에는 너무나 부드러운 육질 때문인지 보쌈 고기와 비교해도 전혀 손색없다. 양념장에서 장시간 삶은 족발은 번지르르한 진한 살색을 띠며 껍데기 또한 쫄깃한 맛이 그대로 살아 있다.

주소 서울시 중구 장충동1가 62-16 위치 동대입구역 3번 출구로 나와 50m쯤 가다가 오른쪽 골목 안 문의 02-2279-9759 영업시간 11:00~23:30 휴무 없음 가격대 2만원 주차 가능

막국수
김삿갓막국수 / 신원동

청계산 앞자락에 있는 김삿갓막국수. 원래 속초에서 같은 상호의 막국수집으로 10여 년 동안 인기를 모은 김재수 씨가 서울로 이전한 곳이다. 50여 명이 앉으면 가득 차는 아담한 실내는 주말이 되면 500그릇씩 막국수를 담을 정도로 많은 사람들이 찾는다. 가게 안으로 들어서면 막국수를 삶고 있는 수증기와 북적대는 손님들로 가득하다. 청계산을 오르고 난 뒤 허기진 채로 이곳의 막국수를 맛보기 위해 찾는 손님이 많다.

국수집답게 이곳의 가장 큰 특징은 바로 면발에 있다. 봉평산에서 채취한 메밀을 김씨가 직접 손 반죽을 해 뽑는다. 어느 누구라도 주방을 훤히 들여다볼 수 있게 해 막국수를 주문하면 만드는 전 과정을 지켜볼 수 있다. 하루 전에 반죽한 메밀을 일정량으로 떼어 놓은 뒤, 양손으로 힘껏 치댄다. 이때 충분히 탄력을 줘야 메밀의 찰기가 더욱 살아난다. 이렇게 반죽한 반죽은 요란한 소리를 내는 기계에 넣어 3mm 두께로 뽑는다. 거뭇거뭇한 메밀자국이 뚜렷하게 보이는 면발은 이보다 더 두껍거나 얇으면 입 안에서 씹는 맛이 약하다. 육수로는 강원도식 동치미 국물을 사용한다. 상당 기간 삭혔다는 동치미 국물은 시큼한 맛으로 다른 조미료를 전혀 넣지 않고 그대로 사용한다. 살짝 언 동치미 국물에 시원하게 삭은 무가 전부이다. 비빔막국수는 막국수에 동치미 국물을 넣고 비벼 먹는데, 인공 조미료를 제외하고 20여 가지의 재료를 넣고 만든 양념장이 달짝지근한 맛을 낸다. 이 밖에도 막국수에 곁들여 먹을 수 있는 든든한 편육과 메밀전도 별미다. 다른 채소 없이 고기만 달랑 내어 놓는 편육과 김치를 크게 썰어 메밀가루에 무친 메밀전은 등산 후 막걸리 안주로 제격이다.

주소 서울시 서초구 신원동 488-4 위치 양재동 농협 하나로마트 지나 청계산 방향 문의 02-2058-3077 영업시간 11:00~22:00 휴무 없음 가격대 1만원 주차 가능

생선구이
전주집

종로6가에서 청계5가로 이어지는 먹자골목의 끝자락에 있는 곳은 일명 '동대문 생선구이골목'이라고도 불린다. 30여 년 전 동대문시장에 봉제공장이 번성했을 때 그곳에서 일했던 공장의 일꾼들과 시장을 찾은 수많은 상인들에게 많은 사랑을 받은 곳이기도 하다. 생선구이골목 초입은 자욱한 연기로 금세 알아차릴 수 있다. 그중 전주집은 가장 영업이 잘되는 곳이다. 김영창, 박백자 부부가 운영하는 이곳은 최근 들어 한국의 소박한 맛을 찾기 위해 방문하는 일본인 관광객들로 인해 언제나 분주하다.

"생선을 제대로 굽는 방법을 익히는 데 1년 이상이 걸렸습니다."라고 말하는 김영창 씨. 은은한 연탄불에 구운 이곳의 생선구이는 최고의 맛을 자랑한다. 1년 내내 동일한 맛과 동일한 크기의 생선을 구워야 하므로 질 좋은 생선을 주문하는 것부터 맛의 비밀이 시작된다. 이곳에서는 굴비, 삼치, 고등어, 꽁치는 기본으로 준비되는 생선이다. 여기에 계절별 생선이 가끔 나오기도 한다. 각각의 생선이 지닌 특성이 모두 제각기인 만큼 굽는 기술 또한 모두 다르다. 삼치와 고등어는 자주 뒤집어 가며 기름을 빨리 빼내는 것이 중요하며, 굴비와 꽁치는 한 면이 충분히 익을 때까지 기다린 다음에 구워야 한다. 이렇게 함으로써 생선의 겉은 바삭하면서도 속은 촉촉하게 유지된다. 생선 간은 오로지 천일염으로만 맞춘다. 불을 적당하게 조절하는 생선 굽는 비법은 30여 년 동안 몸에 배어 있는 연륜에서 자연스럽게 흘러나온다. 땅에 묻은 장독에서 1년 이상 숙성시킨 깻잎절임 또한 생선구이만큼 유명하다.

주소 서울시 종로구 종로5가 281-9 위치 동대문 수입상가 뒤편 신한은행 옆 신동아약국 골목 문의 02-2267-6897 영업시간 06:30~21:00 휴무 없음 가격대 1만원 주차 불가능

설렁탕
이문설농탕 / 종로

국세청 건물 바로 뒤편으로 우리나라에서 가장 오래된 음식점이 있다. 1907년 개업해 100년의 시간이 훌쩍 지나가 버린 곳. 설렁탕으로 한결같은 사랑을 받고 있는 이문설농탕이다. 전쟁의 아픔을 겪었던 한국에서 100년의 역사를 지닌 식당은 거의 찾아보기 드물다. 그렇기 때문에 이곳은 여전히 최고의 위치를 지키고 있다. 지금은 고인이 된 유원석 씨가 운영하던 가게를 아들인 전성근 씨가 이어오고 있다. 처음 가게를 연 사람이 누구인지, 정확히 언제인지는 알 수 없지만 과거 이곳을 찾는 노인들의 증언을 토대로 조사한 결과, 1903~1907년 사이였다고 한다. 옛날에는 주위에 있던 배재고, 중앙고, 휘문고 학생들이 주로 찾았다. 그때 이곳을 찾던 손님들은 지금 나이 지긋한 할아버지가 되어 손자들과 함께 온다. 종로를 주름잡았던 고(故) 김두한 전 국회의원은 한때 이곳에서 종업원으로 일하기도 했으며, 베를린올림픽 마라톤의 영웅 손기정 옹도 이곳을 즐겨 찾았다고 한다. 70대는 청춘이고 90대가 되어야 이곳에서 어른 대접을 받을 수 있다는 우스갯소리가 있을 정도로 50~60년 단골손님은 부지기수다. "오래된 곳이라고 손님들이 무작정 찾지는 않습니다. 저희가 오랫동안 장사할 수 있었던 것은 그저 맛있었기 때문입니다."라고 말하는 전성근 씨. 100년이라는 시간이 흐르면서 바뀐 건 단 하나, 가스불뿐이다. 건물도, 식기도, 맛도 모두 예전에 사용하던 것이다. 한결같은 맛을 유지하는 비결이 여기에 있는 셈이다.

이곳에서는 한우의 사골, 양지, 도가니 등 다양한 부위를 한 솥에 넣고 온종일 끓인다. 20시간가량 끓이면 뽀얀 국물이 우러난다. 몇몇 설렁탕집에서 진한 맛, 먹음직스런 색깔을 내기 위해 국물에 프림이나 땅콩버터를 첨가한다는 얘기들이 있는데, 이곳에서는 상상도 할 수 없다. 조금만이라도 맛이 변하면 고객들이 먼저 알아차린다. 이 때문인지 미국 쇠고기 파동 때는 손님들이 더 몰렸다고 한다. 양지머리를 듬뿍 올린 국물에는 기호에 맞게 통파와 깍두기를 넣고 먹으면 된다.

주소 서울시 종로구 공평동 46 위치 국세청 건물 끼고 돌아 어학원 골목 왼쪽 문의 02-733-6526 영업시간 08:30~21:00 휴무 없음 가격대 1만원 주차 불가능

일식 Japanese Cuisine

가이세키요리
치요노유메 / 삼청동

JAPANESE CUISINE

삼청동 한국금융연수원을 따라 삼청터널 방향으로 조금만 올라가다 보면 커다란 건물이 보인다. 이곳은 바로 국내에서 몇 안 되는 가이세키요리 전문점인 치요노유메(千代の夢)로, '천대의 꿈'이라는 뜻을 지니고 있다. 문을 열고 들어서니 기모노를 곱게 차려입은 여인들이 고개 숙여 인사를 한다. 이곳은 오랫동안 일본과 한국을 오가며 무역업을 한 재일교포 김혜경 사장이 문을 연 정통 일식 전문점이다. 실내 인테리어부터 독특하다. 입구부터 이어지는 좁은 통로를 지나면 벽면 아래쪽에 있는 수로에서 금붕어가 헤엄쳐 다니는 모습을 볼 수 있다. 마치 일본 고급 식당을 한국 땅에 그대로 옮겨놓은 듯하다. 일본 본토의 맛을 그대로 재현하고자 일본 현지 요리사를 기용하고 있다. 35년 경력의 오무라 준이치 셰프가 그 주인공.

가이세키요리는 일본에서 손님을 접대하기 위해 만드는 만찬 코스 요리를 일컫는다. 제철 식재료로 아름답게 만들어 담아내기에 먹는 입은 물론 보는 눈이 즐겁다. 그렇기에 일본에서 35년 동안 가이세키요리를 전문으로 한 오무라 준이치 셰프의 내공은 더욱 더 가치 있게 느껴진다. 스시의 맛은 밥의 온도와 밀접한 관계가 있다. 즉, 밥이 사람의 체온과 같을 때 스시가 가장 맛있다. 생선의 신선도를 유지하기 위해 스시를 쥐는 방법에도 세심한 배려가 필요하다. 이곳의 셰프는 단 두 번만의 손놀림으로 스시를 쥐어 내며, 스시의 온도를 일정하게 맞추기 위해 수시로 얼음물에 손을 담근다. 매일 아침 수산시장을 찾아 생선을 구입할 정도로 신선도에 신경 쓰며 참치는 도쿄 수산시장에서 직접 공수받는다. 이곳에서 사용하고 있는 쌀 역시 특별하다. 일본의 고시히카리(일본 최고 품질의 쌀)를 공수해올 만큼 특별하다. 일본 현지의 맛을 고수하기 위해 일본의 쌀로 밥을

© 千代の夢

196

짓고 일본의 양념으로 스시에 들어갈 초대리를 만든다. 이곳의 또 다른 식재료의 비밀은 바로 '숙성회'이다. 스시를 만들 때 일본에서는 최소 7~8시간 이상 숙성한 회를 사용한다. 이렇게 숙성하는 동안 생선살에 들어 있는 아미노산은 생선 전체로 퍼져나가면서 담백하면서도 부드러운 맛으로 변하게 된다. 그렇기에 치요노유메에서 만든 생선 요리는 좀 더 진하면서 고소한 맛이 강하다.

주소 서울시 종로구 삼청동 15-2 2층 위치 삼청동길 위쪽 삼청터널 지나기 직전 문의 02-737-9211 영업시간 점심 12:00~15:00, 저녁 17:30~22:00 휴무 명절 가격대 3만원 이상 주차 가능

냉우동 아소산 / 강남역

JAPANESE CUISINE

강남역에서 맛집으로 손꼽히는 곳 중 한 곳이 바로 아소산(阿蘇山)이다. 여름철 즐겨 먹는 냉우동을 전문으로 하고 있지만 사시사철 고객들의 꾸준한 사랑을 받는 곳이다. 1991년 최고의 요리사가 되겠다는 꿈을 안고 일본으로 건너가 설거지부터 시작해 궂은 일을 마다하지 않은 서현석 사장. 그곳에서 일본인들이 즐겨 먹는 일상 메뉴를 눈여겨봤다. 거창한 요리가 아닌, 일본인들이 점심이나 저녁 때 비교적 저렴하게 즐기는 음식들을 하나씩 살펴본 것이다. 일본 전통 조리 기법에서부터 식재료들까지 꼼꼼히 배우기 시작했고, 1998년 귀국해 우동 전문점 아소산의 문을 열었다. 지금이야 덮밥, 소바, 오코노미야키 등 일식 관련 업종이 붐을 이루고 있지만 당시만 해도 일본 음식은 초밥, 회 등 한정적이었다. 게다가 일본에서 모은 자금 5000만원으론 소위 말하는 A급 상권에 입점하기도 힘들었다. 점포 위치나 인테리어보다는 맛으로 승부하기로 하고 강남역 극장 뒤편에 있는 33㎡(10평) 내외의 조그마한 공간에 아소산을 오픈했다. 결과는 놀라웠다. 근처 밀집된 오피스텔에서 몰려드는 직장인들의 입소문을 넘어 여성 고객들의 입맛을 단숨에 사로잡으며 강남역 명소로 자리매김했다.

모든 재료는 그날 모두 소화한다는 운영 방침을 세운 서 사장은 냉우동 고유의 맛을 살리기 위해 화학조미료를 전혀 쓰지 않는다. 일본 냉우동의 맛에서 단맛은 조금 줄이고 시큼함은 좀 더 가미한 한국적인 맛의 냉우동을 만들었다. 다시마, 멸치 등 신선한 해산물을 넣고 끓인 기본 육수에 가다랑어포와 청주, 간장, 소금을 넣어 이곳만의 독특한 냉우동 육수를 만든다. **여기에 탱글탱글하게 잘 삶은 굵은 면발과 씁싸래한 무순, 아삭거리는 오이가 어우러져 최고의 조합을 자랑하는 냉우동을 완성했다.** 특히 면발에서 밀가루 특유의 냄새가 나지 않아 누구나 부담 없이 먹을 수 있다. 시큼하면서도 달콤한 육수는 다소 거친 듯한 면발과 잘 어우러져 감칠맛을 낸다. 또한 10분 이상 기다린 손님들에게는 김에 알, 무순, 달걀말이, 마요네즈소스를 돌돌 말아 고깔 모양으로 만든 데마키를 무료로 제공한다. 처음에는 줄서서 기다린 고객들에게 미안한 마음으로 시작된 일이 이제는 이곳을 대표하는 서비스가 됐다.

주소 서울시 강남구 역삼1동 619-4번지 위치 강남역 CGV 극장 뒷골목 문의 02-566-6659 영업시간 12:00~22:00 휴무 일요일 가격대 1만원 주차 불가능

돈가스
사보텐 / 강남역

JAPANESE CUISINE

'일식 돈가스'의 대명사라고 불리는 사보텐(Saboten)은 1966년 타누마 씨가 도쿄 신주쿠에서 처음 문을 연 이래 현재 일본 전역에 390개의 점포와 70개의 레스토랑을 운영하는 대형 외식업체로 성장했다. 타누마 씨는 오랜 연구개발 끝에 돈가스의 고기, 기름, 소스 등의 식재료를 엄선해 가장 표준화된 일본 정통 돈가스를 완성했다. 점차 바삭한 돈가스의 맛이 입소문나기 시작했으며 밥과 미소시루, 양배추 등이 추가로 제공돼 큰 인기를 끌었다. 또한 음식이 나오기 전 손님이 깨봉으로 깨를 갈아 소스와 함께 섞어 먹는 스타일을 가장 먼저 도입했다. 그 후 2001년 ㈜아워홈과 기술 제휴 및 브랜드 도입 계약을 맺고 한국에도 상륙했다.

사보텐의 돈가스는 독특한 맛을 자랑한다. 돈가스에 들어가는 고기는 육질이 부드러운 국내산 암퇘지의 최상위 부위만을 사용한다. 씹을수록 고소한 맛을 더하기 때문이다. 이렇게 공수된 돼지고기는 일정 시간 동안 숙성한 뒤 사용하기에 한층 더 부드럽다. 고기에 묻히는 빵가루 또한 특별하다. 빵가루는 100년 전통의 일본 라이온푸즈사로부터 기술을 전수받았다. 고기와 튀김 기름 사이를 연결해 바삭한 맛을 내는 빵가루는 수분을 적절히 조절하여 튀김 시 기름의 잔존 시간을 최소화한다. 또한 사보텐의 전용 분쇄기를 이용해 다른 곳에서 볼 수 없는 바삭한 튀김 상태를 유지한다. 맛과 영양을 지키면서 느끼함을 최소화하기 위해 리놀레산이 풍부한 팜올레인유와 풍미가 깊은 옥수수유를 블렌딩하여 사용하는 기름 또한 이곳 돈가스 맛의 숨은 비결이다. 사과, 토마토, 당근, 양파 등 26종류의 채소와 과일로 만든 브라운소스를 섞음으로써 돈가스의 맛과 풍미를 더한다.

주소 서울시 서초구 서초동 1307-20 1층 위치 강남역 6번 출구 지오다노 뒤쪽 문의 02-3477-4534 영업시간 10:00~22:00 휴무 없음 가격대 1만원 주차 불가능

라멘
사가라멘 / 대학로

대학로 소나무길에 자리 잡은 사가라멘(佐賀 ラーメン)은 그야말로 문전성시를 이루는 곳이다. 최대 25명 정도가 앉을 수 있는 규모의 사가라멘은 주중 주말 할 것 없이 온종일 손님들로 북적거린다. 사가라멘은 일본 후쿠오카 근처의 사가현 지방에서 꽤 알려져 있는 라멘 전문점이다. 간토 지방은 간장으로 맛을 낸 쇼유라멘, 간사이 지방은 돼지뼈를 고아 만든 돈코츠라멘이 유명한데 일본에서도 사가라멘은 돈코츠라멘의 대명사로 통한다. 1974년 히라카와 씨가 문을 연 뒤 지금까지 그 명성을 이어오고 있다. 얼마 전 우리나라 오중열 사장이 그와 제휴를 맺고 한국에서 사가라멘의 첫 신호탄을 쏘아 올렸다. 르노삼성의 일본 구매 담당을 맡으면서 일본 음식에 대해 정통했던 그는 회사를 그만둔 뒤 '미타야', '롯본기' 등 일본 음식점들을 연이어 문을 열면서 대표적인 외식 경영인으로 알려져 있다.

사가라멘은 깊고 진한 국물 맛이 일품이다. **부산에서나 맛볼 법한 돼지국밥을 떠올리게 하는 이곳의 돈코츠라멘은 텁텁하지 않으면서 담백한 맛을 지니고 있다.** 기존의 돈코츠라멘은 돼지고기 냄새가 너무 강하게 나서 호불호가 갈리는데, 이곳의 돈코츠라멘은 돼지뼈를 3일 동안 정성껏 우려낸 육수에 마늘과 양파 등을 넣어 돼지의 잡냄새를 없앴다. 이렇게 만든 육수에 일본식 된장을 적당히 섞어 구수하면서도 담백한 맛을 낸다. 이곳에서 사용되는 재료는 모두 일본 본사에서 공수하고 있다. 일본과 동일한 맛을 내기 위해 육수도 본사에서 한 번 삶은 뒤 공수할 정도로 정성을 쏟고 있다. 또한 칼로리 걱정 없는 저칼로리 생면을 사용해 한층 더 가벼운 느낌의 탱글탱글한 면발을 맛볼 수 있다.

이렇게 만든 라멘 위에 돼지고기 편육인 차슈를 올려 완성한다. 차슈는 간장과 생강, 정향 등 이곳만의 소스에 넣고 3~4시간 동안 약한 불에서 삶아 담백한 맛을 더한다.

주소 서울시 종로구 명륜4가 103-12 위치 혜화역에서 도보로 5분 거리, 대학로 소나무길
문의 02-741-6645 영업시간 11:00~24:00 휴무 없음 가격대 1만원 주차 불가능

오코노미야키
후게츠 /명동

Japanese Cuisine

이탈리아에는 피자가 있고, 한국에는 빈대떡이 있다면 일본에는 오코노미야키가 있다. 오코노미야키만 전문으로 하는 후게츠(風月)는 60여 년 전 오사카에서 처음 문을 연 이래 전국에 100개 이상의 점포를 운영하는 대형 오코노미야키 프랜차이즈로 얼마 전 한국에 상륙했다. 오코노미는 '자신의 취향대로', 야키는 '굽다'는 의미로, 밀가루 반죽에 양배추를 듬뿍 넣고 각자의 취향에 맞는 재료를 섞어 두툼하게 부친 다음 특제 소스와 마요네즈를 발라 먹는 철판구이 요리를 말한다. 오사카의 대표 음식 오코노미야키는 누구나 즐겨 먹는 요리로 그 전통은 에도시대부터 내려왔다고 한다. 쇼와(1926-1989년) 초기에 현재와 같은 재료로 유행하기 시작했다.

후게츠에서는 숙련된 직원들이 오코노미야키를 직접 만들어주는 전 과정을 볼 수 있다. 달군 철판 위에 소기름 덩어리로 두른 뒤 그릇 속에 담겨 있는 재료를 넣고 잘 섞는다. 후게츠의 오코노미야키는 다른 곳보다 밀가루의 양이 적은 대신 양배추가 넉넉하게 들어간다. 취향에 따라 각각의 재료를 선택한 뒤 한쪽 면을 충분히 익히는 것이 이곳만의 비법이다. 자꾸 뒤집으면 밀가루가 호화(糊化)되지 않아 제맛을 내지 못한다. 한쪽 면을 천천히 가열하여 익히면 밀의 주성분인 밀가루가 팽윤(膨潤)하고 점성도가 증가해 양배추로 흘러나오는 맛을 그대로 흡수하게 된다. 다른 식재료의 맛까지 합쳐져서 이곳만의 독특한 맛이 만들어지는 것이다. 겉은 바삭하지만 속은 폭신하게 구운 오코노미야키는 사과에 캐러멜, 후추, 바질 등을 넣고 만든 특제 소스가 어우러져 상큼하면서도 달콤한 맛을 더한다. 여기에 직접 만들어 산미를 억제한 마요네즈소스를 곁들인 뒤 가다랑어포를 듬뿍 올려내면 완성된다. 돼지고기나 해산물, 실파, 떡, 치즈, 옥수수콘, 달걀 등 토핑은 원하는 대로 직접 선택이 가능하다. 시원한 맥주 한잔을 곁들이면 더할 나위 없이 최고의 맛을 느낄 수 있다.

주소 서울 중구 명동2가 32-27 위치 명동역 6번 출구로 나와 3분 거리 문의 02-3789-5925 영업시간 11:00~23:00(마지막 주문은 22:00) 휴무 없음 가격대 1만원 주차 불가능

이자카야
문타로 / 이태원

일본식 선술집이 유행하기 몇 해 전부터 이태원에서 선풍적인 인기를 끈 문타로(文太郎)는 평일에도 예약을 하지 않으면 자리를 잡기 어려울 정도다. 지하 1층과 1층으로 이루어진 실내는 비교적 작은 편이지만 매일 저녁 사케를 찾는 손님들로 만원을 이룬다. 이곳이 유명해진 것은 '사케는 비싸다'는 편견을 깨고 대중적인 사케를 팔기 시작한 덕분이다. 2005년 문을 연 이곳의 주인은 바로 일본인 우스야마 스미오 씨. 놀랍게도 그는 일본 규슈 가고시마현에서 가장 큰 유통회사였던 주오류쓰(中央流通)의 회장을 지낸 바 있다. 하지만 회사 사정이 어려워지면서 모든 것을 버리고 한국에 온 그는 조카가 하던 문타로를 맡으며 제2의 인생을 시작하고 있다.

이곳에서 가장 인기 있는 사케는 '간바레 오도상(がんばね お父さん)'이다. '아빠 힘내세요'라는 뜻의 간바레 오도상은 일하느라 수고하신 아버지들을 위한 문구 덕분인지 많은 남성들이 즐겨 찾는다. **사케와 함께 일본식 꼬치구이인 야키도리를 곁들이면 일품이다.** 야키도리는 닭고기뿐만 아니라 은행, 닭 모래주머니 등 다양한 재료들을 꼬치에 꽂아 숯불에서 굽는다. 여기에 고춧가루를 사용하지 않고 만들어 낸 시원한 맛의 나가사키 짬뽕도 큰 호응을 얻고 있다. 두 부부는 두 달에 한 번씩 가고시마현에서 신선한 꼬치구이 재료들을 공수해 온다.

주소 서울시 용산구 한남동 683-124 위치 이태원호텔 바로 맞은편 대로변 문의 02-796-7232 영업시간 18:00~ 03:00 휴무 없음 가격대 2만원 주차 불가능

일본 가정식
와노 / 삼청동

JAPANESE CUISINE

삼청동 한국금융연수원 맞은편에 자리하고 있는 와노(和の)를 찾은 고객들은 고개를 갸우뚱거린다. 그도 그럴 것이 분명 일본 음식을 선보이지만 한옥의 모습을 고스란히 간직하고 있기 때문이다. 누가 봐도 한식집 같지만 일본의 전통 가정식을 만드는 와노는 2006년 심정은 씨가 개업한 곳이다. 일본에서 10여 년간 생활하면서 일본인들이 집에서 먹는 소박한 음식을 레스토랑에서 선보이고 싶었다는 심씨의 바람을 담아 와노의 문을 열었다. 막혀 있던 한옥의 천장을 드러내고 서까래와 대들보를 과감히 내어 놓았다. 좀이 슬어 썩어가는 기둥도 새롭게 단장해 차분하면서도 한국의 미가 느껴지는 공간으로 재탄생했다. 'ㄷ자' 모양을 하고 있는 실내는 한옥이지만 일본의 색이 충분히 묻어 있다. 일본풍 소품과 후지산을 그려놓은 그림, 벚꽃 문양 벽지 등 세세한 부분까지 신경 쓴 모습이 인상적이다.

"한국에 비친 일본 음식들은 대부분 화려했습니다."라고 말하는 심씨는 와노에서 일본의 전형적인 가정식을 선보인다. 기존 일식집에서 볼 수 있는 매운탕이나 스시는 이곳에 없다. 와노에서 가장 인기 있는 메뉴는 두유탕. 대두 콩을 간 뒤 새우와 배추를 넣고 한참을 끓인 두유탕은 담백한 맛이 일품이다. 또한 특별히 제작된 나무 상자에 담은 오시즈시 또한 이곳의 별미다. 일본의 간사이 지방, 특히 오사카에서 즐겨 먹는 오시즈시는 식초를 섞은 쌀을 용기 안에 골고루 펼쳐 담아 재료를 얹은 뒤 압력을 가해 둥글게 만 다음 먹을 만큼 적당한 크기로 썰어 완성한다. 이 외에도 생선살을 곱게 다진 뒤 달걀과 함께 섞어 부드럽게 구운 다테마키, 계절에 맞는 생선회 등 다양한 가정식 요리를 맛볼 수 있다. 점심과 저녁 모두 코스로만 식사가 가능하다.

주소 서울시 종로구 삼청동 113-2 위치 경복궁역 4, 5번 출구로 나와 한국금융연수원 맞은편 문의 02-725-7881 영업시간 11:30~22:00 휴무 없음 가격대 3만원 주차 가능

일식 도시락
코코로벤또 / 홍대 앞

JAPANESE cuisine

이자카야, 라멘, 카레 등 다양한 일본 음식점이 즐비한 홍대 앞에 또 다른 일본 음식이 선보여 즐거움을 더하고 있다. 바로 일본식 도시락(벤토)를 맛볼 수 있는 코코로벤또(Kokoro Bento). 이곳은 일본어로 '마음'을 뜻하는 이름만큼 작은 원형의 나무통에 여러 종류의 일본식 반찬이 담겨 있어 보는 것만으로도 풍족한 느낌이 든다. 길게 뻗어 있는 바와 테이블 3개가 이곳 실내의 전부. 그렇기에 열댓 명만 들어가도 가게 안은 북적이지만 화기애애한 분위기가 느껴진다. 작은 규모에도 주말이면 100~200명이 길게 줄을 늘어설 정도로 단연 독보적인 맛을 자랑한다. 아기자기한 소품과 일본식 벽지를 이용해 꾸며놓은 실내는 도쿄의 자그마한 동네 레스토랑에 온 듯하다.

코코로벤또는 정통 일본식 스시를 전문으로 한다. 이 스시를 기본으로 해 아게모노(튀김요리), 쓰케모노(절임류), 니모노(조림류), 무시모노(찜류), 야키모노(구이류)를 적절히 활용해 내고 있다. 이곳의 가장 큰 특징은 역시 도시락 메뉴이다. 둥그스름한 나무상자에 넘칠 듯이 반찬들을 담는데, 이것으로 메뉴의 이름을 결정한다. 그중에서도 차슈(간장에 조린 돼지고기)와 곤약, 생강, 우메보시, 달걀말이 등 다양한 일본식 반찬을 얹은 '차슈 벤또'는 이곳의 최고 메뉴로 평가받는다. 이 외에도 연어의 뱃살과 등살의 회가 올려 있고 연어알로 마무리한 '사케오야꼬 벤또' 또한 인기 메뉴이다. 오후 3시부터 5시 30분까지인 휴식 시간은 철저히 지켜지고 있다.

주소 서울시 마포구 서교동 361-6 위치 홍대 정문에서 상수역 방향으로 직진, 삼거리포차 옆 사잇길 문의 02-338-3822 영업시간 점심 11:30~15:00, 저녁 17:30~22:00 휴무 없음 가격대 1만원 주차 불가능

© Kokoro Bento

우동
니시키 / 이태원

Japanese cuisine

이태원에 자리 잡은 우동 전문점인 니시키(錦)는 일본 우동 다이닝의 본점인 타레한의 한국 분점이다. 타레한은 2003년 4월 개점해 일본의 대표적인 수타 우동인 사누키 우동 본연의 쫄깃함과 탄력성 양쪽을 고루 갖춘 맛을 선보여 일본 내에서 폭발적인 인기를 얻은 곳이다. 도쿄공대 대학원 출신의 원조 카리스마 강사와 요리 레스토랑을 운영했던 2명, 3대째 사누키 지방에서 우동점을 하던 다른 1명이 모여 운영하던 타레한은 궁극의 우동 맛을 내기 위해 갖은 노력을 기울인 끝에 후지 TV 'VVV6'의 사누키 우동 정상 결선에서 엄선한 3곳의 맛집으로 오르기도 한다. 그 후 수많은 언론과 잡지에 소개되며 인기를 이어나갔고 지난해 이태원에 문을 열면서 정통 사누키 우동 맛을 고스란히 재현하고 있다.

니시키는 일본인 한야마 시로 셰프가 주방을 책임지고 있다. 이곳에서는 생면을 직접 제조한다. 니시키 우동의 생면은 밀가루에 깨끗한 물과 천일염 외에 어떠한 첨가물도 넣지 않는다. 생면을 제조하는 데 이틀이 걸리는데 완성이 되면 손님에게 우동으로 제공하게 되고 유통기한은 단 3일이다. '손으로 만들던 시절의 맛보다 오히려 사람과 기계의 최적의 조합으로 제조하는 것이 더 낫다'라는 견해를 갖고 있는 니시키에서는 까다로운 공정으로 유명한 '야마토(Yamato)'사의 제품을 이용해 1.7mm 두께의 면을 균일하게 뽑는다. 이렇게 공을 들여 만든 면발에 물(연수)과 멸치, 다시마, 미림과 일본 간장을 넣고 14~15시간 동안 끓인 육수를 넣어 마무리한다. 깔끔하면서도 담백한 국물 맛과 쫄깃한 우동의 면발이 어우러져 한국 사람들의 입맛에도 잘 맞는다는 평가다.

주소 서울시 용산구 한남동 683-122 위치 이태원 제일기획 건물 바로 왼쪽 문의 02-749-0446 영업시간 점심 11:30~14:30, 저녁 17:30~24:00 휴무 없음 가격대 1만원 주차 불가능

스시
스시조 / 소공동

JAPANESE CUISINE

서울 웨스틴조선호텔 20층에 있는 일식당 스시조(寿司朝)는 1985년 처음 문을 연 뒤 줄곧 우리나라 스시의 명가로 평가받아 왔다. 2008년 리노베이션을 마치고 새로운 모습을 선보인 스시조는 별실 8개, 스시 카운터, 메인 홀로 구성되어 있다. 총 97석 규모로, 홀 중앙에 스탠딩 사케 바를 만들어 자유로운 분위기가 물씬 풍긴다. 동양과 서양이 조화를 이룬 현대적인 인테리어는 품위와 격조가 느껴진다. 일본 최고의 스시 레스토랑인 '긴자 스시 큐베이'와 기술 제휴를 해 세계 최고로 인정받는 일본 본토의 스시 맛을 느낄 수 있다. 72년 역사를 자랑하는 긴자 스시 큐베이는 일본 수상, 세계적인 최고경영자(CEO) 등 일본 정재계와 예술인들의 단골 레스토랑으로 〈미슐랭 가이드〉, 〈자갓 서베이〉 등에서 좋은 평가를 받은 바 있다. 현재 스시조에는 일본 긴자 스시 큐베이에서 주방장을 지낸 마츠모토 미츠호 씨를 스시 총괄 셰프로 영입해 운영하고 있다.

스시조에서 맛보는 생선은 긴자 스시 큐베이에서 사용하는 것과 동일하다. 한국 생선을 즐기는 고객들을 위해 메뉴판에는 친절하게 일본 생선과 한국 생선을 선택할 수 있도록 배려한 세심함이 엿보인다. 스시에 사용되는 쌀은 매년 바뀌는데, 그해 수확된 최고급 쌀 중 스시에 가장 적합하다고 판단되는 것들을 일본 현지에서 공수한다. 뿐만 아니라 스시조는 최고의 스시 맛을 위해 8m 규모의 스시 테이블을 따로 제작했다. 350년 된 히노키(노송나무)를 15년간 자연 건조해 일본의 장인이 직접 만든 것으로 1억원이 넘는다. 스시조의 스시는 각 계절별 생선을 이용해 만든다. 가장 신선하고 영양가 높은 제철 재료로 스시 맛을 충분히 살려 낸다. 또한 국내 최초로 일식 열린 주방으로 구성되어 있어 요리사들의 움직임 하나까지도 모두 살펴볼 수 있다. 스시와 더불어 일본에서 최상품으로 평가받는 다양한 사케도 만나볼 수 있다. 황실 신년 제용주, 황태자 성혼축하주, 주류 감평회 국장상, 금상 수상주 등 예술품이라 불릴 만한 사케 13종은 제조사로부터 독점 공급받는다.

주소 서울시 중구 소공동 87 웨스틴조선호텔 18층 위치 을지로입구역 7번 출구로 나와 웨스틴조선호텔 내 문의 02-317-0373 영업시간 아침 07:30~10:00, 점심 12:00~14:30, 저녁 17:30~22:00 휴무 없음 가격대 3만원 이상 주차 가능

스시
스시효 /청담동

JAPANESE CUISINE

고급 일식 레스토랑 스시효(すし孝)는 일본 인기 만화 〈미스터 초밥왕〉 한국편에 등장해 화제를 모은 안효주 셰프가 운영하는 곳이다. 한 손에 쥐어 내는 스시 밥알의 개수를 350개로 정확하게 맞춰 달인으로 소개되기도 한 안 셰프는 일식 셰프 중에선 대중적으로도 가장 유명하다. 명동의 조그마한 일식집에서 밑바닥부터 일을 시작한 그는 1985년부터 1999년까지 신라호텔 일식당에서 총 책임자로 근무했고, 2003년 청담동에 스시효를 열었다. 그는 여전히 매일 아침 새벽 수산시장에 나가 신선한 재료를 고른다. 스시에서 가장 중요한 것은 마음가짐이라고 강조하는 그는 화가 나면 칼을 잡지 않을 정도로 마음을 우선시 한다.

이곳의 스시는 다른 곳보다 조금 더 비싼 편이지만 맛 하나는 국내 최고로 평가받는다. 항상 고객과의 소통을 강조하는 안 셰프는 스시에 사람의 정성, 밥알, 고추냉이, 초양념, 생선이 적절히 어우러져야 최고의 스시가 된다고 강조한다. 스시효에서 사용하는 식재료 또한 최고급이다. 이른 아침 시장에 나가 재료가 좋지 않으면 아예 사지 않고, 가지고 있는 식재료도 선도가 떨어지면 미련 없이 버린다. 스시에 사용하는 식초와 소금, 생선을 보관하는 나무 상자조차도 모두 일본에서 가져왔다. 식초는 청주를 만들고 남은 찌꺼기로 만든 '아카스'를 사용한다. 스시 위에 뿌리는 소금, 쓰케모노까지 모두 일본에서 공수해온다. 특히 3년 동안 가마니에 넣어 간수를 뺀 소금은 이곳에서만 맛볼 수 있는데 짠맛은 적고 단맛이 강하다. 신선한 오징어에 시샤모(열빙어) 알을 가득 채워 만든 스시에서부터 아보카도를 넣어 만든 초대형 마키 등 정통 스시와 더불어 독창적인 스시도 맛볼 수 있다.

주소 서울시 강남구 청담동 21-16 위치 학동사거리에서 무동산 골목으로 들어가 100m 정도 직진 문의 02-545-0023 영업시간 점심 12:00~14:30, 저녁 18:00~22:00 휴무 없음 가격대 3만원 이상 주차 가능

참치회
진어 / 연남동

참치와는 전혀 어울릴 것 같지 않은 홍대 앞 뒷골목에 자리하고 있는 진어(眞魚). 과거 유명 참치 참치 회사에서 근무하다 참치에 대한 궁금증을 참지 못하고 직접 원양어선을 타기도 했을 정도로 30년 이상 참치 관련 일을 했던 김철송 사장이 문을 연 곳이 바로 '진어'이다. 이곳은 다른 참치 전문점에 비해 으리으리한 실내 인테리어를 자랑하는 것도 아니고, 다양한 종류의 반찬들이 나오지도 않는다. 단지 이곳은 질 좋은 참치를 합리적인 가격으로 맛볼 수 있어 유명해졌다.

일반적으로 참치는 머리 쪽에서부터 30cm를 기준으로 등급을 나누지만 이곳에서는 15cm를 기준으로 부위를 선별한다. 그만큼 김철송 사장이 참치에 대해 잘 알고 있어 가능한 일이다. 보통 자동차 한 대 가격을 호가하는 참치는 어종별, 부위별로 맛이 다르므로 정확하게 부위를 선별하는 것이 중요하다. 또한 맛있는 참치를 먹기 위해서는 예약이 필수다. 참치회 맛의 비결은 해동 기술에 있다. 일정한 염도의 물에서 행군 뒤 충분한 시간 동안 서서히 해동해야만 먹었을 때 입 안에서 사르르 녹는 맛을 느낄 수 있다. 그렇기에 예약 시간을 넘기게 되면 주문했던 모든 참치를 폐기한다. 손님이 자리에 앉으면 김철송 사장은 먹는 순서까지 까다롭게 따져 참치를 내어 준다. 맛이 약한 부위에서부터 최고급 부위까지 오너의 친절한 설명을 들으면서 참치를 즐기다 보면 시간 가는 줄 모른다. 진어에서는 여느 횟집에서 내주는 김과 참기름을 찾아볼 수 없다. 참치 그 자체의 맛을 중요시하는 만큼 날것 그대로 맛보라는 뜻이다. 이곳에서만 맛볼 수 있는 특수한 부위를 꼽자면 바로 배꼽살. 힘줄이 들어가 있어 쫄깃한 맛이 인상적인 배꼽살은 씹을수록 고소한 맛이 나 우리나라 사람들의 입맛에 잘 맞는다.

주소 서울시 마포구 연남동 561-8 위치 경성고 건너편 골목으로 150m 문의 02-332-7412 영업시간 점심 11:00~14:00, 저녁 17:30~22:00 휴무 없음 가격대 3만원 이상 주차 불가능

카레
코코이찌방야 / 강남역

Japanese Cuisine

일본 나고야 교외에서 작은 음식점을 운영하던 무네쯔구 부부는 1978년 카레 전문점 코코이찌방야(CoCo壱番屋)의 문을 열었다. 이들 부부는 1970년 1차 오일 쇼크의 여파로 경제가 어려워진 인근 주민들을 위해 자신들이 집에서 먹는 것과 같은 '가정적인 맛'의 카레를 선보여 큰 인기를 끌었다. '여기가 최고의 집'이라는 뜻의 코코이찌방야는 이러한 마음을 바탕으로 지금까지 변함없는 맛을 이어오고 있다. 개업 초기부터 고객이 스스로 맛을 정하는 서비스를 제공하고 있으며 현재 일본에 총 1131개의 점포가 있을 정도로 그 명성이 자자하다. 서울에는 2008년 처음 문을 열어 현재 4개의 분점을 운영 중이다.

이곳에서 사용되는 카레의 원재료는 일본 카레업계 판매 1위인 '하우스 식품'이 특별히 제조한 것만을 사용한다. 엄선된 향신료와 신선한 채소를 진한 쇠고기 육수에 넣고 장시간 정성 들여 끓인 후 그것을 4일 동안 저온에서 숙성한 것이 기본 카레소스가 된다. 이런 독자적인 숙성을 거쳐 제조된 코코이찌방야 카레는 다른 곳에서는 맛볼 수 없는 독특한 향과 깊은 맛을 낸다. 카레가루에서 미묘하게 느낄 수 있는 껄끄러움이나 다소 거친 채소의 식감 때문에 카레를 싫어하는 사람도 이곳에서만큼은 카레를 쉽게 즐길 수 있을 듯하다. 또한 매운맛을 10단계로 조절할 수 있을 뿐만 아니라 밥의 양이나 토핑도 기호에 따라 자유자재로 고를 수 있어 자신의 입맛에 꼭 맞춘 특별한 요리를 맛볼 수 있다.

주소 서울시 강남구 역삼동 619-4 위치 강남역 점프밀라노와 CGV 극장 사이 문의 02-2051-5510 영업시간 11:00~22:00 휴무 없음 가격대 1만원 주차 불가능

퓨전 일식
나무 / 광장동

JAPANESE CUISINE

W호텔 1층에 자리 잡은 나무(Namu)는 감각적인 감성을 담은 일식 전문 레스토랑이다. 호텔 주변 아차산과 한강의 전경이 내려다보이는 이곳은 트렌디한 음식을 담아 내는 W호텔만의 특징을 살리면서도 현대적인 시각에서 완벽하게 재해석된 일식 요리를 맛볼 수 있다. 일본 음식을 전문적으로 다루고 있지만 이곳에서는 스시에서부터 샐러드, 스테이크까지 특정한 식재료에 얽매이지 않은 음식을 선보인다. 이와 더불어 나무의 실내 인테리어는 좀 더 편안한 분위기를 자아낸다. 미학적인 디자인과 현대적인 감각으로 재해석된 실내는 편안하게 식사를 즐길 수 있도록 해준다. '아이스', '파이어'로 나뉜 열린 주방에서는 요리사들의 역동적인 모습을 그대로 지켜볼 수 있다.

나무의 음식은 기본 일식을 유지하면서 현대적인 시각에서 새롭게 해석한 일식 요리로 구성되어 있다. 정통 일식을 즐기던 사람들은 이곳의 스시를 보고 놀라곤 한다. 스시가 양념한 밥 위에 생선을 올려 먹는 음식이라는 기존의 고정관념을 깨뜨렸기 때문이다. 참치 대뱃살에 아보카도를 섞어 만든 전채 요리, 올리브오일을 뿌린 생선회, 튀긴 과일을 얹은 스시 등 일본 음식의 개념을 모두 뒤엎는다. 갈비양념을 한 쇠고기에 반죽을 입혀 튀긴 후 밥 위에 얹어 올린 '쇠고기 스시', 일본산 흑우를 사용해 부드럽게 구운 타타키에 올려 낸 '쇠고기 타타키' 등 부드러우면서도 힘 있는 나무의 음식들 덕분에 이곳을 찾는 외국인들도 스스럼없이 즐겨 찾는다. 현대적인 모습으로 옷을 갈아입은 메뉴들이지만 철저한 일식의 기본기가 배어 있다.

주소 서울시 광진구 광장동 21번지 W호텔 위치 W호텔 로비 라운지 문의 02-2022-0222 영업시간 12:00~22:30 휴무 없음 가격대 3만원 이상 주차 가능

해산물 뷔페
토다이 / 묶음

JAPANESE CUISINE

1985년 미국의 캘리포니아 산타모니카에 첫 매장을 연 이래 전 세계 30여 매장을 운영할 정도로 규모를 넓힌 토다이(Todai)는 스시와 해산물을 중점적으로 다루는 해산물 뷔페 레스토랑이다. 일본어로 '등대'를 뜻하는 토다이는 처음 문을 열 때만 해도 캘리포니아 지역에서는 찾아보기 힘든 독특한 곳이었지만 금세 인근의 명소로 자리 잡았다. 비교적 저렴한 가격과 뛰어난 맛으로 사람들의 입맛을 사로잡은 것이다. 유명한 로스앤젤레스의 외식 비평가인 엘머 딜리스(Elmer Dills)는 이곳을 '해산물 뷔페의 어머니'라고 추켜세우기도 했다. 한스 킴 회장의 뛰어난 사업 전략으로 2006년 한국에도 1호점을 내며 부산, 천안, 평촌점 등 11개의 매장으로 확대했다. 해산물 위주의 건강식을 선보이는 토다이는 HACCP(위해요소 중점관리) 시스템을 통한 철저한 위생 관리로 고객의 입장에서 생각하는 세심한 배려가 돋보인다. 이 때문에 기존의 뷔페 레스토랑에서 빈번하게 발생하는 위생 문제를 말끔히 해소했다.

건강한 음식을 만든다는 취지에 따라 얼마 전 이화의료원과 협약을 맺어 의사가 추천하고 셰프가 요리하는 레스토랑으로 변신했다. 국내 최고의 의료진이 식재료를 추천하면 이를 가지고 최고의 요리사들이 음식을 만들어낸다. 특히 계절별로 개발한 음식들은 일반인뿐만 아니라 암환자에게도 제공된다. '위와 대장에 좋은 레드(Red) 음식'과 같이 식이섬유가 풍부하면서도 소화하기 쉬운 음식은 몸에 좋을 뿐 아니라 맛도 좋아 현대인들의 구미를 당긴다. 250종류 이상의 음식 중에서도 가장 인기 있는 메뉴는 양갈비 요리로 흔치 않은 메뉴에 육질이 연하고 양념 맛도 우수하여 남녀노소 즐겨 먹는다.

주소 서울시 양천구 목동 908-28 B101호 위치 목동 그린타운 2차 문의 02-2645-7888 영업시간 11:50~22:00 휴무 없음 가격대 3만원 주차 가능

중식 Chinese Cuisine

간자장
신승관 / 북창동

Chinese Cuisine

자장면을 우리나라에 처음 선보인 신승관(新昇館)은 1964년 청진동 피맛골에 터를 잡았다. 이 집 문을 연 것은 고(故) 장학맹 조리장으로 1950년대 중국 산둥(山東)에서 한국에 들어왔다. 처음 시작할 때만 해도 테이블 몇 개에 허름하기 그지없는 곳이었지만, 그의 뛰어난 요리 실력 덕분에 금세 많은 사람들이 몰려드는 명소가 됐다. 지금은 셋째 아들인 장경문 씨에 이어 손자가 물려받아 3대째 가업을 이어 나가고 있다. 수십 년간 이어져 오던 중 얼마 전 청진동이 재개발에 들어가 최근 중구 북창동으로 자리를 옮겨 새롭게 둥지를 틀었다.

신승관의 대표 메뉴는 간자장. 자장소스를 만들 때 춘장을 볶다 물을 넣어 묽기를 조절하는데, 물을 넣고 볶으면 자장면, 물을 넣지 않고 춘장만 볶으면 간자장이라고 한다. 간자장은 물기가 없는 건(乾)자장이 변한 말이다. 이곳 간자장은 춘장과 기름 볶는 속도가 맛을 좌우한다. 뜨겁게 달군 솥에 기름을 살짝 두른 뒤 춘장을 재빨리 볶는다. 이때 춘장이 뭉치지 않게끔 전체적으로 골고루 볶는 것이 포인트. 이렇게 함으로써 춘장의 고소한 맛이 살아난다. 여기에 양파, 양배추 등 다양한 채소를 넣어 물기가 생기기 전까지 볶는다. 이렇게 볶은 자장 소스를 잠시 놓아 두면 각종 채소에서 흘러나오는 물기들로 자연스레 간이 배게 된다. 한층 더 고소하면서 단맛이 느껴지는 것도 그 때문이다. 춘장을 사용하지 않고 고춧가루만을 넣고 볶은 쓰촨자장, 모든 재료를 잘게 다진 뒤 볶은 유니자장도 많은 사랑을 받고 있는 메뉴다.

주소 서울시 중구 북창동 73번지 위치 서울플라자호텔 뒤편 북창동 골목 중간쯤 문의 02-735-9955 영업시간 10:30~21:00 휴무 없음 가격대 6000원 주차 불가능

딤섬
딘타이펑 / 명동

'크고 풍요로운 솥'이라는 뜻의 딘타이펑(鼎泰豐)은 세계적인 딤섬 전문 레스토랑이다. 지난 1958년 대만에서 시작, 세계 8개국에 40여 개 매장을 운영하고 있다. 한국에는 지난 2005년 국내 한솔창업투자회사와 미디어윌이 딘타이펑 코리아를 설립하면서 문을 열었다. 이곳은 1993년 〈뉴욕타임스〉가 선정하는 '가보고 싶은 세계 10대 레스토랑'에 오르는 등 전 세계 미식가들을 유혹하고 있다. 딘타이펑의 실내는 통유리로 되어 있어 요리사들이 딤섬을 빚는 손길을 모두 공개한다. 이곳에서는 음악을 틀어주지 않는데, 시끌벅적한 서민적인 분위기 속에서 딤섬을 즐기라는 회사의 방침 때문이다. 딘타이펑에서는 포장이 가능한 메뉴가 있지만 샤오룽바오의 참맛을 지키기 위해 권하지 않는다.

40여 년 전 대만의 길거리에서 시작한 딘타이펑은 중국식 딤섬의 대명사나 다름없는 샤오룽바오가 인기를 끌면서 명성을 얻었다. 샤오룽바오는 5g의 얇은 만두피에 16g의 만두소가 고스란히 들어간다. 그리고 18개의 주름이 잡혀야만 육즙이 새어나가지 않으면서 쫄깃한 맛을 낸다고 한다. 딘타이펑 코리아에서는 대만 현지의 맛을 고스란히 재현하기 위해 요리사들의 만두 빚는 실력을 전문적으로 훈련시킨다. 현재 딤섬을 빚는 요리사들만 해도 10여 명에 달하며 대만 현지에서 1년 여의 연수를 받을 정도로 본토의 맛을 그대로 살리기 위해 힘쓰고 있다. 각각의 샤오룽바오 속에 젤라틴으로 굳힌 돼지고기 육즙을 넣으면 딤섬을 삶을 때 자연스럽게 육즙이 고이게 된다. 샤오룽바오는 먼저 수저 위에 올린 뒤에 만두피를 살짝 찢어 국물을 맛본 다음 만두피와 속의 내용물을 먹는 것이 정석. 국물은 담백하면서도 부드럽다.

주소 서울시 중구 명동2가 104번지 위치 을지로입구역 6번 출구 중앙우체국 방향 문의 02-771-2778 영업시간 11:00~22:00 휴무 없음 가격대 1만원 주차 가능

바오쯔
향미 /연남동

Chinese cuisine

홍대입구역에서 연희동 방향으로 이어진 거리에는 다양한 중국 음식점이 모여 있다. '서울 속의 작은 차이나타운'이라 불리는 연남동의 중국집 거리는 3000여 명의 화교들이 만들어 낸 공간이다. 1969년 명동에 있던 한성화교학교가 이곳으로 자리를 옮기면서 화교 인구가 이곳에 밀집하기 시작했고 자연스레 중국 음식점들이 속속 생겼났다. 수많은 중국 음식점 사이에서 단연 주목받는 곳은 향미(鄕味). 주방을 책임지고 있는 조연의 씨는 종로구 수송동에서 40년 가까이 중국 음식점을 운영하다가 2000년 이곳으로 자리를 옮겨 10여 년째 가게를 이어오고 있다. 1938년 대만에서 중국 음식점을 한 부친의 영향을 받아 향미를 열게 되었고, 그의 아들 조수평 씨도 명동에서 같은 이름의 레스토랑을 운영하고 있다.

중국 각지에서 온 사람들이 모여 사는 연남동에는 주인의 출신 지역에 따라 독특한 맛을 가진 음식을 쉽게 찾아볼 수 있다. 향미는 오래전부터 국내에서 찾아보기 힘든 바오쯔(왕만두)를 만들어 팔기 시작했는데, 이제는 연남동의 명물로 자리 잡았다. 보통 한국 만두피보다 두 배는 두꺼운 만두피에 듬성듬성 다져놓은 돼지고기와 양파, 부추들을 골고루 무쳐놓은 소를 넣은 뒤 둥글게 빚어 대나무 찜통에서 10여 분간 찐다. 적당히 찐 만두는 1~2분간 뜸을 들인 후 손님상에 낸다. 이렇게 하면 재료가 지닌 본연의 맛을 살려 제대로 된 만두 맛을 볼 수 있다. 특히 쫄깃한 만두피와 만두소가 한데 어울려 씹는 맛이 좋다

주소 서울시 마포구 연남동 228-26 위치 홍대입구역 2번 출구로 나와 도보 15분 문의 02-333-2943 영업시간 점심 10:00~22:00 휴무 없음 가격대 1만원 주차 불가능

볶음밥
홍린 / 화곡동

서교호텔 출신의 장병화 주방장이 운영하는 홍린(紅麟)은 고(故) 김대중 전 대통령의 단골집으로 유명한 곳이다. 서교호텔에서 1981년부터 2001년까지 근무했던 장병화 주방장은 중식 분야에서 빼어난 실력으로 널리 잘 알려진 요리사이다. 그 뒤 서교호텔을 나와 자신만의 가게를 열었다. 이곳에서는 특정 메뉴의 재료가 떨어지면 그날은 더 이상 해당 메뉴를 주문받지 않는다. 식재료를 선정하는 데 있어서도 까다로운데, 문을 열 당시부터 당일 소비할 식재료를 매일 아침 받아 사용했다. 때문에 사람이 많이 몰리는 날이면 금세 동이나 버리는 메뉴도 생긴다.

홍린에는 제비즙수프나 해삼주스와 같은 고급 요리로 구성된 코스 메뉴가 준비되어 있으나 이곳을 찾는 고객들이 가장 많이 찾는 메뉴는 볶음밥이다. 홍린의 전체적인 간은 화학 조미료를 최대한 줄여 담백한 편이다. 다른 중국집에 비해 단맛과 짠맛을 한결 낮췄다. 그 때문에 일부 손님들은 맛이 심심하다고 불평하기도 하지만 장병화 주방장이 만든 음식은 예부터 지금까지 변함이 없다. 특히 홍린의 볶음밥은 화력 좋은 화구로 센불에서 재빨리 볶아 고슬고슬 씹히는 식감을 즐길 수 있으며 고소함을 맛볼 수 있다. 볶음밥이야말로 밥알 하나하나에 기름이 고르게 배고, 재료가 두루 잘 섞이게 하는 것이 관건이므로 중국 요리의 핵심인 불 다루는 주방장의 실력을 잘 알 수 있는 요리라 하겠다.

주소 서울시 강서구 화곡6동 1096-17번지 위치 KBS 88체육관에서 도보 10분 문의 02-2608-6556 영업시간 11:00~22:00 휴무 없음 가격대 6000~7000원 주차 가능

삼선짬뽕
송죽장 /영등포

Chinese Cuisine

영등포역 인근에 자리 잡은 송죽장(松竹莊)은 60년 동안 2대에 걸쳐 이어져 내려오고 있는 정통 중화요릿집이다. 영등포 중심지에 있는 것도 아니지만 많은 사람들은 멀리서 이곳까지 찾아와 음식을 먹고 가곤 한다. 이곳은 화교인 신무송 전 화교외식업협회장이 운영하던 곳으로 지금은 그의 장남인 신연경 씨가 그 맛을 이어 오고 있다. 모든 테이블을 합쳐봐야 50석 남짓이기에 식사 시간이면 서둘러 자리를 잡는 것이 좋다. KBS 〈세상의 아침〉, MBC 〈찾아라 맛있는 TV〉, SBS 〈결정! 맛대맛〉, 〈생방송 투데이〉 등 유명 음식 소개 프로그램에 자주 소개될 만큼 맛깔스런 요리를 선보이는 이곳은 1년 365일 문전성시를 이룬다.

송죽장은 삼선짬뽕과 고추쟁반자장의 독특한 맛으로 유명하다. 특히 삼선짬뽕은 칼집이 잘 들어간 갑오징어와 조개 등 각종 해산물을 듬뿍 넣고 청량고추로 맛을 내 얼큰하면서도 깊고 시원한 국물 맛이 일품이다. 세 가지를 의미하는 '삼선'이지만, 이곳의 삼선짬뽕에는 다양한 해산물이 들어간다. 소라, 건해삼, 알새우, 오징어 등 매일 아침 구입해온 신선한 해산물들을 가득 넣고 국물 맛을 낸다. 여기에 적당한 반죽으로 찰기가 넘치는 쫄깃한 면발 역시 감칠맛을 더한다. 또한 육수에서 배어나오는 깊은 맛이 다른 곳보다 훨씬 더 진하다. 삼선짬뽕과 더불어 청양고추가 들어간 고추쟁반자장 또한 별미다. 각종 채소와 춘장을 고소하게 볶은 다음 잘게 다진 청양고추를 넣어 매콤하게 만든 고추쟁반자장은 먹을수록 좀체 젓가락을 내려놓지 못할 만큼 중독성이 강하다. 약간 느끼한 맛의 춘장 소스에 잘게 다져놓은 청양고추를 넣음으로써 자장면의 느끼함을 말끔히 없앴다. 이곳의 모든 메뉴는 양이 넉넉한 편으로 고추쟁반자장(기본 2인분)은 성인 남성 세 명이 먹어도 될 만큼 인심이 후하다.

주소 서울시 영등포구 영등포동 4가 4-55 위치 영등포역 타임스퀘어 맞은편 문의 02-2631-9184 영업시간 11:00~21:00 휴무 없음 가격대 7000원 주차 불가능

사샤육
홍연 / 소공동

'중국 음식은 느끼하다'라는 편견을 깬 사람이 있다. 1980년부터 요리를 시작해 현재 웨스틴조선호텔 정통 중식당 홍연(紅緣)의 주방을 책임지고 있는 진승국 셰프가 그 주인공이다. 그가 홍연에서 요리를 시작한 것은 1996년이다. 홍연에서는 국내에서 보기 힘든 정통 광둥식 요리의 진수를 보여준다. 광둥 요리는 국내에 널리 알려져 있는 중국 음식들보다 다소 간이 약하다. 그렇기에 좀 더 깔끔하면서 개운한 맛을 느낄 수 있는 것이 특징이다. 처음에는 광둥식 향신료의 냄새 때문에 다소 먹기 어려울 수 있지만 한 번 먹고 나면 그 담백한 맛을 즐기게 되는 경우가 많다. 조금은 생소한 광둥 요리를 한국인의 입맛에 맞게 재해석하는 그는 사비를 털어 중국과 일본, 홍콩 등지를 돌아다니며 맛을 조율했다. 진승국 셰프와 더불어 홍연의 주방에는 세계 중국 요리 대회에서 금·은상을 수상한 최고의 셰프들이 함께 음식을 만들고 있다. 최고 권위의 레스토랑 안내서 〈자갓 서베이〉에서 '중국 음식에 대한 선입견을 없애준다'고 평가받을 정도로 홍연은 그 맛을 인정받고 있다. 한편, 세계 3대 홍차인 기문 홍차를 비롯해 중국 10대 명산인 무이산 암벽에서 생산되는 대홍포 등 티 소믈리에가 엄선한 차를 맛볼 수 있는 티 라운지도 운영 중이다.

홍연에서는 재료 본연의 맛을 그대로 살리는 광둥식 요리를 선보인다. 영양소 파괴를 최소화하기 위해 단시간에 센불에서 조리하며 모든 메뉴는 하나하나 주방에서 충분한 시간을 들여 만드는 것을 기본으로 한다. 홍연의 대표 메뉴는 '샤샤육(광둥식 돼지고기 바비큐)'이다. '입 안에서 살살 녹는다'라는 표현이 제격일 듯한 샤샤육은 겉은 바삭하며 속살은 부드럽게 조리되어 있다. 큼직하게 썰어놓은 삼겹살을 간장, 마늘, 생강, 허브 등을 넣고 밑간한 뒤 오븐에서 약한 온도로 오랜 시간 조리함으로써 돼지고기가 지닌 기름기를 충분히 제거할 수 있으며, 속살은 쇠고기 안심처럼 부드럽다. 겉의 바삭한 맛과 속의 부드러운 맛이 한층 더 입맛을 돋운다. 여기에 곁들이는 달콤한 굴소스를 얹어 먹으면 금상첨화. 돼지고기의 고소함과 굴소스의 감칠맛이 조화를 이뤄 독특한 향미를 낸다. 모든 조리 과정에는 '파 기름'을 사용해 좀 더 깔끔하면서도 깊은 맛이 일품이다.

주소 서울시 중구 소공동 87번지 웨스틴조선호텔 위치 을지로입구역 7번 출구, 웨스틴조선호텔 내 로비라운지 문의 02-317-0494 영업시간 점심 11:30~14:30, 저녁 18:00~21:30 휴무 없음 가격대 3만원 주차 가능

북경오리
도원 / 태평로

Chinese cuisine

1976년 문을 연 서울플라자호텔은 6개월간의 리노베이션을 마치고 2010년 11월 재오픈했다. 호텔 개관과 함께 문을 연 중식당 도원(桃園)은 '특급 호텔 중식당의 역사를 새로 쓴다'는 슬로건을 내세우며 국제 도시 상하이의 현대적 조리법 및 프레젠테이션을 가미한 컨템퍼러리 차이니스 다이닝(Contemporary Chinese Dining)을 선보인다. 기존 도원의 전통을 기본으로 하되, 새로운 컨셉트의 메뉴를 개발하기 위해 상하이 현지 주방장을 채용하고 현지 연수를 보내는 등의 노력을 기울였다. 차별화된 건강한 중식을 구현하기 위해 튀기고 볶는 조리법 대신 냉채, 구이, 찜, 조림 등의 건강 조리법의 비중을 확대했다. 메뉴와 잘 어울리는 도원만의 시그너처 고량주를 비롯해 다양한 주류 메뉴 등을 보강한 것이 특징이다.

오픈 화덕에서 굽는 바비큐 요리는 먹어볼 만하다. 오리, 돼지고기, 닭고기 등 다양한 종류의 고기를 굽는데 그중에서도 북경오리(오리 바비큐)는 가장 으뜸이다. 참숯 화덕에서 수 시간 굽기 때문에 오리의 기름기가 깔끔하게 제거되어 오리 특유의 쫄깃한 식감을 고스란히 맛볼 수 있다. 참숯 향이 잘 배어 있는 오리는 바삭한 껍질과 속살로 그 맛이 구분되며, 전문 요리사가 개별 접시에 알맞게 덜어준다. 잘 구운 오리고기는 이곳 주방에서 직접 만든 땅콩 소스를 곁들여 먹는다. 고소하면서도 담백한 맛의 땅콩소스는 북경오리의 맛을 한층 더 탄탄하게 만들어 준다.

주소 서울시 중구 태평로 2가 23번지 서울플라자호텔 3층 위치 시청역 6번 출구에서 도보로 3분 거리 문의 02-310-7300 영업시간 점심 11:30~14:30, 저녁 18:00~22:00 휴무 없음 가격대 3만원 주차 가능

©桃園

양꼬치
경성양꼬치 / 자양동

Chinese Cuisine

지하철 건대입구역에서 한강 방면으로 조금만 가다 보면 일명 '양꼬치 거리'가 나타난다. 400m 거리 양쪽으로 양고기 냄새가 가득한 이 골목에는 중국 음식점 50여 곳이 길게 늘어서 있다. 성수동 공단에서 일하는 노동자들이 저렴한 비용으로 숙식을 해결하기 위해 머문 곳이 자양동이었으며, 이제는 '신(新) 차이나타운'이라고 불릴 만큼 많은 중국인이 거주하고 있다. 매일 저녁 온 거리는 숯불에 굽는 고기 냄새와 특유의 향신료 냄새로 진동한다. 중국의 소수 민족들이 즐겨 먹던 양고기는 이 동네에 몰려 살던 조선족들의 향수를 달래는 음식이었다. 그래서인지 지금은 한 집 건너 한 집이 양꼬치 간판을 달았다고 해도 무방하다. 그중에서도 경성양꼬치는 2001년 이곳에 가장 먼저 양꼬치 가게를 연 곳이다.

양꼬치는 벌겋게 달아오른 숯불에서 앞뒤로 돌리며 굽는다. 이때 속까지 완전히 익히지 않는 것이 특징이다. 보통 1인분에 10개 정도 나온다. 경성양꼬치에서는 마장동 축산시장이나 혹은 호주산 수입 업체에서 직접 가져온 양고기만을 사용한다. 예전 한국에 들어오던 양은 대부분 양고기 특유의 누린내가 나며 고기가 질긴 머턴(mutton;늙은 양)이었다. 하지만 이곳에서 사용하는 양고기는 전량 호주산 램(lamb; 한 살 미만의 어린 양)으로 한층 더 부드럽고 담백한 맛을 느낄 수 있다. 양고기의 잡냄새를 잡는 또 다른 방법은 바로 '쯔란'이다. 쯔란은 중국 신장성 등지에서 나는 풀의 씨앗으로 박하와 고수를 섞어놓은 듯한 향을 내 양고기의 잡냄새를 없애는 데 최고다. 이 쯔란에 고춧가루와 참기름을 섞어 한국인의 입맛에 맞게끔 조절했다.

주소 서울시 광진구 자양4동 11-12 위치 자양사거리 횡단보도 건너 두 번째 골목 문의 02-467-6880 영업시간 11:30~02:00 휴무 없음 가격대 1만원 주차 불가능

유린기
루이 / 광화문

Chinese Cuisine

루이(Luii)는 제12, 13대 한국화교중식조리사협회 회장, 신라호텔 중식당 총주방장 등을 지낸 여경옥 셰프가 첫 번째로 문을 연 중식 레스토랑이다. 오랜 시간 중국 음식을 위해 몰두했던 여경옥 셰프는 특급 호텔에서 맛볼 수 있던 고급 요리들을 좀 더 대중들도 즐길 수 있도록 루이를 열었다. 특급 호텔에서나 맛볼 수 있는 수준 높은 요리를 선보여서 그럴까? 루이는 오픈한 지 얼마 되지 않아 금세 많은 사람들의 발걸음이 끊이지 않았다. 루이의 가장 큰 특징은 한국적인 맛이 가미된 중국 요리를 만들어 낸다는 것이다. 루이는 중국의 현지 음식을 좀 더 대중들이 편안하게 즐길 수 있게끔 만들어 부담 없는 가격으로 고객들에게 큰 인기를 얻고 있다. 이곳은 고객이 잘 알지 못하는 메뉴들을 과감하게 없앴다.

루이에서 가장 인기 있는 음식은 바로 유린기이다. 간장 소스와 매운 고추로 맛을 낸 튀김 닭가슴살 요리인 유린기는 입 안 가득 번지는 짭짤하면서도 매콤한 맛이 매력적이다. 가장 먼저 닭다리살의 껍질 부분에 잔 칼집을 많이 넣어 소금과 청주로 밑간을 한 다음 녹말가루를 묻혀 170℃ 온도에서 튀긴다. 이렇게 튀긴 닭고기는 겉은 바삭하면서도 속은 부드럽다. 닭고기 특유의 비린내가 전혀 느껴지지 않고 담백한 맛이 난다. 한입에 먹기 좋을 정도로 잘라놓은 닭고기 튀김에 간장, 다시마물, 식초, 레몬즙, 참기름, 후추 등을 넣고 만든 소스를 끼얹으면 루이만의 매력적인 유린기가 완성된다. 여기에 청양고추와 붉은고추를 듬뿍 넣으면 매콤하면서도 튀김 요리 특유의 느끼한 맛도 없애준다.

주소 서울시 중구 태평로 1가 61-21번지 **위치** 광화문역 6번 출구 방향 조선일보 미술관 맞은편 **문의** 02-736-8889 **영업시간** 점심 11:30~14:30, 저녁 17:30~21:30 **휴무** 명절 **가격대** 1만원 **주차** 가능

자장면
오구반점 / 을지로

1953년 한국전쟁이 끝난 뒤 문을 연 오구반점은 지금까지 같은 자리를 지키고 있다. 60여 년의 역사를 자랑하는 이곳의 자장면 맛은 예나 지금이나 변함이 없다. 그렇기에 이곳을 찾는 손님의 연령대도 꽤나 높은 편이다. 여느 중국 음식점이 그렇듯 오구반점은 자장면이 대표 메뉴이다. 1970년대 이후 화교에 대한 세금 억압 정책으로 많은 화교들이 한국을 떠나 외국으로 나갔지만 이곳의 대표 왕수발 조리장은 여전히 제자리를 지켰다. 중국 산둥 옌타이가 고향인 왕 조리장은 어릴 적 아버지를 따라 한국으로 왔다. 1967년 아버지의 뒤를 이어 가업을 잇게 되었고, 이 주소지를 절대 떠나지 않겠다는 각오로 가게 이름을 '교통반점'에서 이곳 번지수(5-9)를 따 '오구반점'으로 바꿨다. 같은 해 태어난 큰아들 이름도 '오구'일 만큼 이곳에 대한 애착이 누구보다 강하다.

오구반점의 자장면 맛은 가히 환상적이다. 양파를 조금 더 많이 사용하는 것이 특징. 솥을 뜨겁게 달군 뒤 단숨에 자장을 볶는 것이 맛의 비결이다. 중국 음식의 맛은 팔할이 불이 좌우하는데 이곳 왕 대표의 불 다루는 것을 옆에서 지켜보면 놀랍기 그지없다. 돼지고기와 양파를 듬뿍 볶은 뒤 춘장과 설탕을 적당 비율로 섞어 물과 전분을 같은 양으로 넣고 마무리한다. 윤기가 흐를 정도로 잘 볶은 자장과 탄력 넘치는 면발이 어우러져 뒷맛이 느끼하지 않고 깔끔하다. 깨끗한 기름을 사용하는 것은 두말할 것도 없다.

주소 서울시 중구 을지로3가 5-9 위치 을지로3가역 2번 출구로 나와서 뒤로 돌아 오른쪽 청계천 방향 문의 02-2267-0516 영업시간 11:00~21:30 휴무 없음 가격대 5000원 주차 불가능

중국냉면
목란 / 서대문

Chinese Cuisine

중국대사관 사상 최연소 조리장을 지냈던 이연복 셰프가 주방을 맡고 있는 목란(木蘭). 1980년 명동 중국대사관에서 주최한 중국대사관 요리사 테스트에서 이연복 셰프는 베테랑 요리사들을 당당히 제치고 당시 22세 나이로 이곳 대사관의 주방을 책임지게 된다. 중국을 대표하는 대사관의 총괄 책임자를 뽑는 자리였지만 그가 가진 경력은 불과 5년여. 하지만 그가 만든 요리를 맛본 대사관 직원들은 주저 없이 총주방장으로 그를 선정했다. 목란의 음식은 기름을 최대한 적게 사용해 특유의 느끼함을 줄이고 시시각각 변하는 사람들의 입맛에 맞게 다양한 메뉴를 선보이고 있다.

여름과 겨울이 되면 이곳은 문 앞으로 길게 줄이 늘어선다. 여름에는 중국냉면, 겨울에는 굴짬뽕을 맛보려고 온 사람들로 발 디딜 틈이 없다. 특히 목란의 중국냉면은 특급 호텔에서도 벤치마킹할 정도로 명성이 자자한데, 이곳에서만 맛볼 수 있는 닭고기 육수와 특별하게 제조한 땅콩버터 소스 덕분이다. 중국냉면은 쫄깃하게 잘 삶은 중화면을 차갑게 식힌 뒤 닭고기 육수를 넣는다. 여기에 채썬 오이, 큼직한 크기의 오향장육, 달걀지단 등 다양한 고명과 땅콩소스를 듬뿍 올려 완성한다. 땅콩버터와 겨자를 적당한 비율로 섞어 고소하면서도 새콤달콤한 맛이 어우러져 최고의 감칠맛을 낸다. 여름철 별미인 중국냉면은 목란의 대표 메뉴로 자리 잡았다.

주소 서울시 종로구 평동 26-10 위치 서대문 강북삼성병원 뒷골목 서울시교육청 길 건너 편 문의 02-732-0054 영업시간 11:30~21:30 휴무 주말 가격대 1만원 주차 가능

중식냉채
공을기객잔 / 논현동

Chinese Cuisine

공을기객잔(孔乙己客棧) 압구정 본점은 기존의 중국 요리에 대한 고정관념을 뒤집은 독특한 스타일의 중국 음식점으로 2004년 오픈했다. 상호명이 독특한데 공을기(孔乙己)는 루쉰이 쓴 단편 소설의 제목이자 '중국판 홍길동'으로 불리는 주인공의 이름을 딴 것이다. 안에 들어서면 과거 중국으로 돌아간 듯하다. 전통 문양의 나무 창살 벽걸이와 테이블, 의자 등 과거의 모습을 고스란히 재현한 실내는 모두 중국 현지에서 사용하는 것을 가져다 놓았다. 계단을 오르내릴 때 삐그덕거리는 소리까지도 철저하게 연출된 것이라고 하니 실내 분위기에 얼마나 공을 들였는지 알 수 있다. 조금은 어두컴컴한 실내는 중국 영화의 한 장면을 떠올리게 한다. 그 이유는 실제로 영화를 제작하고 영화인으로도 활동하는 최중호 씨가 영화 촬영 때 썼던 세트에서 영감을 얻어 만들었기 때문이다. 청나라가 흥하고 명나라가 쇠퇴하던 시절에 쉽게 볼 수 있었던 옛 객잔(客棧)을 꾸며놓았을 뿐만 아니라 황제의 식탁을 비롯해 제각기 다른 모습의 방들도 준비되어 있다. 특히 당시 중국인들이 입었던 옷을 입고 중국어를 능수능란하게 구사하는 직원들을 보고 있으면 중국에 와 있는 듯하다.

공을기객잔을 유명하게 만든 것은 단지 분위기 때문이 아니라 그 맛에 있다. 이곳의 요리사들은 대부분 중국에서 건너왔으며 중국 현지식에 가까운 음식들을 만든다. 공을기객잔에서 가장 특별한 음식은 바로 중국 전통 전채 요리인 냉채다. 그중에서도 '새송이냉채', '돼지껍질냉채', '해파리냉채'는 많은 고객들이 식전에 입맛을 돋우기 위해 즐겨 찾는다. 어른 손바닥만한 자연산 송이버섯을 다양한 한약재를 달인 물로 훈증한 새송이냉채는 특유의 쫄깃한 미감과 은은한 향을 살려 낸다. 돼지껍질을 소시지처럼 얇게 말아 여러 겹 쌓아 굳힌 돼지껍질냉채는 오돌토돌한 맛이 일품이다. 신선한 해파리에 식초, 겨자를 잘 섞어 만든 해파리냉채 또한 부담 없이 맛볼 수 있는 전채 요리다. 단촛물과 발효시킨 겨자를 섞어 만든 냉채 소스의 톡 쏘는 맛과 해파리의 오돌토돌한 질감이 어우러져 환상적인 맛을 낸다.

주소 서울시 강남구 논현동 7-14 정안빌딩 1층 위치 강남을지병원 사거리, 하이마트 맞은편 문의 02-544-2025 영업시간 10:30~22:00 휴무 없음 가격대 2만원 주차 가능

칠리새우
차이나팩토리 / 강남역

Chinese Cuisine

맛있는 중국 요리뿐만 아니라 다채로운 볼거리를 제공하는 신개념 중식 레스토랑, 차이나팩토리(China Factory). 60여 가지의 메인 요리를 갖춘 차이나팩토리는 세련된 인테리어와 화려한 쿠킹 쇼 등의 이벤트로 기존 중식당과 차별화를 꾀하고 있다. 열린 주방으로 설계해 다이내믹한 중국 요리의 특성을 살려 손님들이 주문한 음식을 기다리는 동안 지루하지 않게 시각적인 즐거움을 준다. 1인당 3가지의 메뉴를 고를 수 있는 주문 방식 역시 다양한 음식을 즐기고 싶은 고객들의 기호와 잘 맞아떨어진다. 여기에 딤섬과 디저트가 무제한 제공돼 다양한 모임이나 행사를 진행하기에도 적합하다. 골라 먹는 재미에 열광하는 사람들 덕분인지 2006년 문을 연 이후 벌써 7개의 매장을 열 정도로 유명세를 톡톡히 치르고 있다.

다양한 메뉴를 서로 나눠 먹는다고 해서 음식의 질이 떨어질 것이라고 생각하는 건 큰 오산이다. '끝없는 맛(Never Ending Taste)'이라는 요리 철학을 가지고 있을 정도로 음식 맛에 가장 심혈을 기울이고 있다. 계절별로 새로운 메뉴들이 추가되며, 제각기 다른 메뉴들은 정기적으로 교체된다. 차이나팩토리의 최고 인기 메뉴는 칠리새우. 매콤하면서도 달콤한 소스와 바삭한 튀김옷이 잘 어우러진 칠리새우는 누구나 부담 없이 즐길 수 있다. 고소한 누룽지를 곁들인 칠리새우는 어린아이 손바닥 크기만 한 중하를 사용해 묵직하게 씹히는 새우의 육질을 느끼기에 충분하며 레몬을 곁들여 느끼하지 않고 담백한 새우 맛이 일품이다.

주소 서울시 서초구 서초동 1338-21 코리아비지니스센터 2층 위치 강남역에서 뱅뱅사거리 쪽으로 도보 5분 문의 02-587-1561 영업시간 11:00~23:00 휴무 없음 가격대 1만원 주차 가능

© China Factory

탕수육
현경 / 논현동

Chinese Cuisine

도산공원 인근에서 자그마한 규모로 시작한 현경은 국내 최초 24시간 영업하는 중국집으로 유명세를 떨쳤다. 30여 년 전 서울 북창동 '대려도'의 종업원으로 시작한 김정만 씨는 명동 '성화당'에서 중국 음식에 대한 눈을 뜬 뒤 지금의 현경을 열게 되었다. 성화당에 있을 당시 화교 주방장 밑에서 중식을 배운 그는 젊은 사람들의 입맛에 맞는 새로운 음식을 개발하는 데 힘썼다. 현경은 한국식 중국 음식을 판매하는 평범한 중국집이다. '중국요리 현경(中國料理 賢京)'이라고만 되어 있는 간판을 보고 쉽게 지나칠 법하지만, 실내에는 항상 많은 손님들로 북적일 정도로 입소문이 난 곳이다. 입맛 까다로운 택시기사들이 인정할 정도로 평범함 뒤에 특별함이 숨어 있다. 24시간 운영하고 있어 새벽엔 연예인이나 스포츠 선수들이 심심찮게 출입하기도 한다.

중국 음식점에서 흔하다면 흔한 것이 탕수육이지만 현경에서는 가장 특별한 음식이다. 일반적으로 탕수육이라고 하면 돼지고기나 쇠고기를 튀긴다고 생각하지만, 이곳에서는 도미 탕수육, 갑오징어 탕수육, 감자 탕수육 등 다양한 식재료를 활용해 메뉴의 폭을 넓혔다. 기본적으로 가장 잘나가는 돼지고기 탕수육은 소(小) 자로 2~3명이 충분히 먹을 수 있을 양을 내준다. 전분을 최대한 가볍게 묻혀 겉은 바삭하고 속은 촉촉하게 튀겨낸 튀김에 케찹의 양을 최소화하여 광동식 탕수육 소스를 만든다. 소스는 시큼하지 않으면서 달달한 맛이 나 바삭한 튀김과 잘 어우러진다.

주소 서울시 강남구 논현2동 268-13 현경빌딩 위치 강남구청역에서 선릉역 방향으로 도보 10분 문의 02-541-8959 영업시간 24시간 휴무 없음 가격대 1만원 주차 가능

디저트 *Dessert*

마카롱
오뗄두스 / 서래마을

Dessert

서래마을에 자리 잡은 베이커리 카페, 오뗄두스(Hôtel Douce), 도쿄제과학교를 졸업하고 외국인 최초로 일본 리가로얄호텔에서 제과조리장을 지낸 정홍연 파티세가 운영하는 곳이다. 그는 지난 2001년 재팬 케이크쇼 초콜릿 대형 공예 부문 1위에 오르고, 2003년 〈TV 챔피언〉이라는 프로그램에서 크리스마스 케이크 부문 우승을 차지하는 등 한국인의 위상을 높였다. 모차르트 탄생 200주년을 기념해 그가 만든 다이아몬드 케이크는 세계에서 가장 비싼 베이커리로 기네스북에 오르기도 했다. 2007년 10여 년의 일본 생활을 정리한 후 한국으로 돌아온 그는 카페 겸 홈베이킹 수업이 열리는 레꼴두스(L'ecole Douce)를 운영해오다 2010년 레꼴두스에서 만든 모든 제품을 판매하는 오뗄두스를 오픈했다. 오뗄두스는 '달콤한 호텔'이라는 뜻으로 손님들에게 최고급 호텔과 같은 서비스와 맛있는 디저트를 선보이겠다는 다짐이 담겨 있다.

오뗄두스의 대표적인 디저트를 꼽는다면 단연 마카롱(Macaron)이다. 프랑스 고급 과자 마카롱은 겉은 바삭하면서도 속은 부드러운 것이 특징으로 예쁜 모양과 달콤한 맛이 어우러져 최근 여성들에게 큰 인기를 끌고 있다. 하지만 마카롱은 만드는 방법이 까다로워 국내에는 전문점이 많지 않다. 이곳의 마카롱은 종류만 해도 10가지가 넘으며 시나몬, 레몬, 녹차 등 다양한 맛을 선보인다. 특히 캐러멜 맛이 나는 주황색 마카롱은 프랑스인 단골 고객들이 즐겨 찾는다고. 또한 밀가루 반죽 대신 아몬드 가루와 머랭을 사용해 건강까지 고려했다. 이곳에서 만든 마카롱은 삼청동 '팔레트'에서도 맛볼 수 있다. 그밖에도 디저트 롤케이크, 수제 초콜릿, 수제 쿠키 등 계절에 맞는 신선한 재료에 오뗄두스만의 레서피를 적용한 각양각색의 다양한 디저트를 만나볼 수 있다.

주소 서울시 서초구 반포동 90-10번지 다솜빌딩 1층 위치 서래마을 입구에서 파리크라상을 지나 70m 직진, 왼쪽 골목길 문의 02-595-5705 영업시간 10:00~22:00 휴무 없음 가격대 1만원 주차 불가능

메론빵
미루카레 / 홍대 앞

홍대 앞 골목길에 자리하고 있는 일본 가정식 빵집인 미루카레(Milcale)가 눈길을 끈다. 미루카레는 일본인 다카미 가나코 씨가 운영하는 곳으로 밀가루를 스페인어의 느낌이 나도록 개성 있고 재미있는 이름을 붙였다. 몇 년 전 한국어를 공부하러 서울을 찾았던 그녀는 천편일률적인 빵 맛에 매우 실망했다고 한다. 그 후 정식으로 제과·제빵을 공부한 뒤 다시 한국을 찾았고 미루카레를 열었다. 이곳에서 파는 모든 빵은 반죽부터 굽기까지 그녀가 혼자 도맡아 하는데, 주로 그녀가 좋아하고 먹고 싶어 하는 빵을 만든다. 일본 가정식 빵을 굽는 미루카레의 실내는 깔끔하면서도 열린 주방으로 이루어져 있다. 당일 만든 빵은 그날 모두 소비한다는 원칙으로 혹여나 다음날 점심까지 빵이 남아 있으면 버리거나 그녀가 모두 먹는다고 한다. 이른 아침에 방문하면 남아 있는 빵을 좀 더 저렴한 가격으로 구매할 수 있다.

미루카페는 '메론빵'을 찾는 단골손님들로 이미 입소문이 자자한 곳이다. 우리나라 곰보빵을 닮은 메론빵은 일본 사람들이 가장 즐겨 먹는 빵으로 메론 맛이 나서 메론빵이 아니라 겉면의 비스킷 반죽이 멜론을 닮았다 해서 이름 붙여졌다. 아침 7시부터 만든 빵은 매일 다른 맛을 낸다. 같은 메론빵이라고 해도 때론 마늘을 사용하기도 하며, 녹차나 꿀을 사용할 때도 있다. 이 외에도 명란젓과 삶은 감자가 들어가 있는 '명란젓프랑스'와 꿀이 들어가 있는 '하라브레드' 등도 인기가 많다.

주소 서울시 마포구 서교동 335-16번지 위치 무과수마트에서 홍대입구역 방향으로 10m 가량 내려와 오른쪽 문의 02-3143-7077 영업시간 10:00~22:00 휴무 일요일, 월요일 가격대 1만원 주차 불가능

밀푀유
기욤 / 청담동

Dessert

빛바랜 듯한 분홍색 외관이 돋보이는 기욤(Guillaume)은 프랑스 베이커리 숍이다. 정통 프랑스 빵을 선보이는 기욤은 출발부터가 재미있다. 우리나라 KTX 건설 당시 프랑스 알스톰사 시스템 엔지니어로 일하기 위해 한국을 찾은 기욤 디에프반스 사장은 제대로 된 프랑스 빵 맛이 그리워 아예 베이커리 숍을 차렸다고 한다. 기욤에서는 정통 프랑스 방식 그대로 화덕에 굽는 방식을 이용해 빵을 만들고 있다. 제대로 된 빵 맛을 내기 위해 프랑스 현지에서 설계사를 불러 화덕을 만들었고, 원료도 전량 공수한다. 프랑스 노르망디 지방에서 40년간 제빵사로 활약한 파티세가 주방을 책임지고 있다. 최근에는 에릭 오세르(Eric Hausser) 파티세와 함께 최고의 디저트를 만들어 낸다. 에비앙 스파 지역의 특급 호텔인 '로열 파크 호텔'의 수석 셰프로 활약하기도 한 그는 호텔에 있는 동안 〈미슐랭 가이드〉로부터 별 두 개를 얻을 정도로 그 실력과 명성이 자자하다. 기욤은 개점한 지 1년 만에 청담동 매장에 이어 한남점과 강남점까지 오픈하며 인기를 끌고 있다.

이곳 빵 맛의 비밀은 바로 '정통 프랑스식 기술'에 있다. 그 맛을 고스란히 전수하고자 프랑스식 그대로 사용한다. 매일 새벽 2시면 문을 열고 가장 먼저 물, 소금, 밀가루만으로 빵 반죽을 만든다. 이스트를 전혀 사용하지 않고 5시간 정도 자연 발효한 뒤 화덕에서 굽는다. 1년 내내 불을 꺼뜨리지 않고 달궈 놓은 화덕에 구운 빵은 겉은 거칠고 단단하지만 속은 한없이 부드러워 최고의 맛을 낸다. 자연 발효 덕분에 '숨쉬는 빵'이라는 별칭도 얻었다. 프랑스 정통 빵과 더불어 화려함을 자랑하는 기욤의 디저트는 풍미가 뛰어나 최고로 평가받는다. 특히 영국 엘리자베스 2세 여왕이 방한했을 때 만든 밀푀유(Millefeuille) 로열은 기욤의 대표적인 디저트다. 바삭바삭한 파이 사이에 부드러운 크림을 곁들인 밀푀유 로열은 버터의 풍미가 풍부하게 느껴질 뿐만 아니라 과자처럼 바삭한 맛을 낸다.

주소 서울시 강남구 청담동 88-37 위치 청담동 버거킹, 스무디킹 사이 골목으로 들어가 왼쪽 문의 02-512-6701 영업시간 월~목요일 08:00~24:00, 금요일 08:00~02:00, 일요일 10:00~24:00 휴무 명절 가격대 1만원 주차 가능

샹그리아 더 테이블 / 대학로

Dessert

수많은 카페들이 문 닫고 생겨나기를 반복하는 최근 경향을 비웃기라도 하듯 대학로 소나무길 조용한 공간에 자리 잡은 더 테이블(The Table)은 무려 10년 동안 제자리를 지키고 있다. 좁은 실내에 테이블이 고작 5개 그리고 미니 바가 전부인 이곳은 작아서 더 예쁜, 아담해서 더 소중한 공간이다. 이곳의 문을 연 사람은 디저트에 관심 있던 한 사진작가다. 그 후 2004년 카페 컨설팅 팀인 비하인드 멤버들에 의해 다시 문을 열면서 와인 리스트가 보강되고 이와 함께 새로운 디저트 메뉴를 선보이며 본격적으로 유명세를 타게 됐다. 지금은 단골손님이던 사람이 이곳을 인수해 대학로의 명소로 자리매김하고 있다.

더 테이블에서는 오렌지 쿠키, 키르, 글루바인 등 다른 카페에서 쉽게 찾아보기 힘든 메뉴를 맛볼 수 있다. 그중에서도 고객들에게 가장 사랑받는 메뉴는 바로 스페인식 와인 칵테일, 샹그리아(Sangria)다. 여름철이면 수많은 커플들이 샹그리아를 마시기 위해 이곳을 찾는다. 레드 와인에 딸기, 사과, 포도, 파인애플 등 제철 과일들을 넣은 후 주스나 탄산수로 희석해 시원하게 마시는 샹그리아는 일정 시간 숙성을 거쳐 제공된다. 이때 알코올의 상당 부분이 날아가 술에 약한 여성들도 부담 없이 즐길 수 있다. 싱그러운 여름을 닮은 샹그리아는 와인의 향미와 과일의 단맛이 어우러져 달콤한 맛을 가진 음료로 변신한다. 포장을 원하는 고객들을 위해 1.2L 병에 담아 판매하기도 한다.

주소 서울시 종로구 명륜4가 154-12 위치 혜화역 3번 출구로 나와 소나무길을 따라가다 온누리약국 옆 골목 문의 02-744-2857 영업시간 13:00~23:00 휴무 없음 가격대 1만원 주차 불가능

애플 타르틴
패이야드 / 명동

Dessert

신세계백화점 명품관 6층에 뉴욕 최고의 디저트 카페로 유명한 패이야드(Payard)가 자리하고 있다. 패이야드는 미국 드라마 〈섹스 앤 더 시티〉에서 주인공 캐리가 뉴욕에서 가장 맛있는 디저트를 먹을 수 있는 곳이라고 극찬했던 명소이기도 하다. 뉴욕의 패이야드를 운영하는 프랑수아 패이야드는 프랑스에서 3대째 가업으로 페이스트리를 이어온 가문의 자손으로 디저트계에서 엄청난 경력을 자랑한다. 1988년에는 '라 투르 다르장(미슐랭 3 스타)'의 페이스트리 파티셰로 활동했으며 '루카 카르통(미슐랭 3 스타)'에서 활약하기도 했다. 1990년 미국으로 간 그는 세련된 맛과 독특한 그만의 디저트로 최고의 파티셰로 올라서게 된다. 1993년 '대니얼 부루'의 레스토랑 작업에도 참여한 그는 1995년 올해의 페이스트리 상을 받으며 최고의 입지를 굳힌다. 1997년 지금의 '패이야드 파티세리 앤 비스트로'의 문을 열면서 그 맛을 이어오고 있다. 한국의 패이야드는 조선호텔이 미국 뉴욕 패이야드와 라이선스 계약을 맺고 직영으로 운영해 그 맛을 재현하고 있다.

하루에 여러 번 공수되는 디저트 중에서 단연 돋보이는 것은 애플 타르틴(Apple Tartin)이다. 사과 하나를 통째로 넣어 만드는 애플 타르틴은 설탕 시럽에 은근하게 졸여 내 부드럽게 녹아드는 감미로운 사과의 맛과 향을 느낄 수 있다. 이 외에도 얇은 페이스트리 반죽을 겹겹이 쌓아 올린 '나폴레옹'이나 '스위트 릴리프'도 많은 인기를 얻고 있다. 특히 패이야드의 매니저는 진열된 디저트마다 각각의 맛을 친절하게 설명해주는데, 이처럼 패이야드에서는 고객 만족 서비스가 돋보인다. 모든 메뉴는 현지화하기보다는 미국에서 만드는 레서피를 그대로 가져와 최고의 맛을 선보이고 있다.

주소 서울시 중구 충무로1가 52-5번지 신세계백화점 위치 명동 신세계백화점 본관 명품관 6층 문의 02-310-1980 영업시간 평일 10:00~20:00, 주말 10:30~20:30 휴무 백화점 휴무일 가격대 1만원 주차 가능

젤라토
팔라쪼 델 쁘레또 / 엄구정

Dessert

이탈리아어로 '얼음 궁전'을 뜻하는 팔라쪼 델 프레또(Palazzo del Freddo)는 130년의 역사를 지닌 젤라토 전문점이다. 1880년 이탈리아 왕실에서 과자 기술자로 일하던 지오바니 파시가 시작한 곳으로 현재까지 5대에 거쳐 운영되고 있다. 2002년 첫 한국 법인을 설립해 이탈리아 정통 젤라토를 소개한 팔라쪼 델 쁘레또는 이탈리아 본사의 맛과 품질을 그대로 재현하고 있다. 원재료부터 제조 설비 및 보관까지 로마의 원형과 동일함을 유지하기 위해 세세한 부분까지 관리하고 있으며 철저한 품질 검사와 테스트를 거쳐 최적의 맛을 살리고 있다. 현재 팔라쪼 델 쁘레또는 전국에 50개 매장을 운영 중이다.

오랜 역사를 자랑하는 이곳의 젤라토(Gelato)는 모두 천연 재료를 사용해 단맛보다는 깊은 맛을 자랑한다. 인공 색소나 감미료를 전혀 첨가하지 않아 쫀득하면서도 재료 본연의 맛이 그대로 살아 있다. 다른 아이스크림에 비해 열량과 유지방 함량도 낮아 누구나 부담 없이 즐길 수 있다. 젤라토 '바치오'는 이탈리아어로 '입맞춤'이라는 뜻으로 이름만큼이나 달콤하면서도 깊고 진한 맛의 초콜릿에 고소한 헤이즐넛의 맛을 그대로 느낄 수 있다. 이탈리아의 개암나무 열매를 원료로 한 고농도 페이스트 12%를 함유해 만든 '노치올라' 또한 헤이즐넛 본연의 부드럽고 고소한 맛을 느낄 수 있다. 이 외에도 팔라쪼 델 쁘레또의 대표 웰빙 젤라토인 '흑미리조'나 흑깨를 갈아서 맛을 낸 젤라토 '흑깨' 등 건강한 아이스크림들이 주를 이룬다.

주소 서울시 강남구 신사동 658번지 로데오현대상가 101-112 위치 갤러리아백화점 맞은편 로데오 입구에서 쭉 직진해 걷다가 오른쪽 문의 02-3445-2786 영업시간 10:00~22:00 휴무 없음 가격대 1만원 주차 가능

초콜릿
카카오봄 / 홍대 앞

Dessert

벨기에에서 직접 초콜릿을 배워온 고영주 씨가 운영하는 카카오봄(Cacaoboom)은 보고만 있어도 달콤함이 느껴지는 곳이다. 네덜란드어로 '초콜릿 나무'라는 뜻을 지닌 카카오봄에서는 다양한 종류의 벨기에 수제 초콜릿을 맛볼 수 있다. 1994년 가족과 함께 벨기에로 건너간 그녀는 안트베르펜 호텔학교(PIVA)에서 1년 동안 초콜릿 전문가 과정을 수료했다. 초콜릿의 화학적 성분에 대한 분석부터 초콜릿이 가진 문화적, 역사적 배경을 모두 공부한 그녀는 조리 실습을 마치며 벨기에 초콜릿에 대한 전반적인 부분을 습득했다. 벨기에에서 초콜릿은 국가 산업으로 지정되어 있을 만큼 초콜릿 제조에 대한 기준이 까다롭다. 특히 외국인이 그들의 기술을 전수받는 것은 너무나도 까다로웠지만 그녀는 묵묵히 참고 이겨냈다. 이후 한국으로 돌아와 호텔에서 근무했지만 매일 똑같은 제품을 만들어야 하는 것에 지루함을 느껴 과감히 호텔을 그만두고 카카오봄을 설립했다. 이곳에서는 다양한 재료의 배합 비율을 이용해 그녀만의 창의적인 제품들을 만들고 있다.

카카오봄에서는 벨기에에서와 같이 100% 카카오버터를 사용하고 색소 첨가물이나 인공 재료를 전혀 사용하지 않는다. 또한 공장에서 찍어내듯 똑같은 모양이 아니라 좋은 재료로 정성 들여 만든 초콜릿은 어머니의 손길이 느껴진다. 대부분의 사람들은 초콜릿을 많이 먹으면 살이 찐다고 생각하지만 그것은 초콜릿을 만들 때의 재료 때문이다. 초콜릿을 대량생산하는 곳에서는 단가를 낮추기 위해 지방과 콜레스테롤이 다량 함유되어 있는 식물성 기름과 설탕을 첨가할 수밖에 없다. 따라서 많이 먹게 되면 건강을 해치는 것이다. 하지만 카카오봄에서 만든 초콜릿은 카카오버터만을 이용하므로 오히려 건강에 이롭다. 좋은 초콜릿에만 들어 있는 카카오버터는 콜레스테롤 수치를 낮추고 신진대사 작용도 원활하게 하여 몸을 건강하게 한다. 또한 섬유소가 많이 들어 있어 소량만 섭취해도 공복감을 없애줘 오히려 다이어트에 효과적이다.

주소 서울시 마포구 서교동 736-11번지 1층 위치 홍대입구역 5번 출구로 나가 바이더웨이 골목으로 직진, 창조의아침 맞은편 문의 02-3141-4663 영업시간 09:00~22:00 휴무 없음 가격대 1만원 주차 불가능

컵케이크
린즈 컵케이크 / 한남동

Dessert

뉴욕과 전 세계 대도시를 거쳐 한국에 상륙한 컵케이크는 20~30대 여성들의 마음을 사로잡고 있다. 한 손에 쏙 들어오는 앙증맞은 컵케이크가 대세를 이루며 전문 카페가 곳곳에 생겨나고 있다. 그중에서도 국내에서 컵케이크 열풍을 일으킨 선구적인 디저트 카페 린즈 컵케이크(Lynn's Cupcakes)는 뉴욕 스타일을 살리면서도 한국인의 입맛에 맞게 조화를 이뤄 사람들의 발길이 끊이지 않는다. 감각 있는 디저트를 만들기로 소문난 플로리스트 겸 파티셰 이승남 선생의 딸인 최린 씨가 2008년 11월에 문을 연 린즈 컵케이크는 다양하고 화려한 컵케이크를 만들고 있다. 디자이너 출신인 그녀는 매장 디자인은 물론 로고까지 직접 만들어 아기자기함을 더했다.

크기에 비해 조금 비싸다고 생각할 수 있지만 보기만 해도 아기자기한 컵케이크를 맛보면 생각이 달라질 것이다. 오전과 오후 하루에 두 번 굽는 컵케이크는 카푸치노, 초콜릿, 딸기, 바닐라 등 총 7가지 종류가 있다. 설탕과 버터의 양을 최소화하여 맛을 내는 것이 린즈 컵케이크만의 특징. 여기에 이곳에서 직접 건조한 과일들을 얹어 만들어 상큼한 맛을 더한다. 이곳에서는 뻑뻑한 질감의 크림과 단맛을 강조하는 뉴욕 스타일보다는 단맛을 최대한 줄이고 촉촉한 크림을 충분히 살린 컵케이크를 선보인다. 많은 크림이 부담스러운 고객의 걱정을 덜어주며, 스몰과 라지 두 가지 사이즈가 있다.

주소 서울시 용산구 한남동 32-17 위치 한남동 유엔빌리지 앞 문의 02-792-0804 영업시간 10:00~ 22:00 휴무 없음 가격대 1만원 주차 불가능

팥빙수
밀탑 / 압구정

Dessert

여름철 최고의 디저트인 팥빙수. 압구정 현대백화점 5층에 자리 잡은 밀탑(Meal Top)은 1985년 백화점이 문을 열 당시부터 지금까지 같은 자리를 지키고 있는 팥빙수 전문점이다. 한겨울에도 팥빙수를 먹기 위해 줄을 서서 기다려야 할 정도로 소문난 곳이기도 하다. 다양한 메뉴 중에서도 이곳을 찾는 대부분의 고객들은 특별한 기교를 부리지 않고 기본 재료로만 만든 밀크 팥빙수를 주로 찾는다. 신선한 재료로 만든 전통 팥빙수에는 인공 시럽이나 젤리는 전혀 찾아볼 수 없다. 예전이나 지금이나 팥빙수 본연의 맛에 충실하다는 것에는 변함없다.

대표 메뉴로는 곱게 간 얼음 위에 통팥이 올려져 있는 밀크 팥빙수가 있다. 이곳은 세련됨보다는 정겨운 맛으로 통한다. 이곳에서는 여전히 어릴 적 팥빙수 가게에서나 봤음직한 파란색 수동식 얼음 기계를 사용한다. 그런데도 전자동 기계를 사용하는 여느 가게보다 얼음이 곱고 부드럽다. 얼음을 얼리는 강도와 녹이는 강도를 잘 조절해 얼음 입자와 질감을 고르게 만들어 낸다. 또 팥은 국산을 고집하며 매일 직접 삶는데, 이곳 빙수 맛을 결정하는 가장 중요한 요소이다. 팥빙수의 맛을 좌우하는 팥 삶는 기술은 오랜 경험을 통해서만 익힐 수 있다고 이곳의 대표인 김경이 씨는 귀띔한다. 그래서 밀탑에는 오픈 때부터 지금까지 줄곧 팥을 삶는 할머니가 따로 있다. 팥 속이 탱탱하게 불어 터지기 직전에 건지는 것이 요령이다. 4시간 정도 삶는 팥은 그날그날의 상태에 따라 다르기 때문에 좋은 팥을 고르는 것이 필수 조건이다. 또한 빙수 위에 올리는 다양한 재료들도 매일 아침 구입해 신선함을 자랑한다.

주소 서울시 강남구 압구정동 429번지 현대백화점 압구정본점 5층 위치 압구정역 6번 출구 현대백화점 내 문의 02-547-6800 영업시간 10:30~21:00 휴무 백화점 휴무일 가격대 1만원 주차 가능

푸딩
패션 5 / 이태원

한남동 서울 용산국제학교 맞은편에 자리 잡은 화려한 건물. 보는 것만으로도 고급 갤러리를 떠올리게 하는 이곳은 최근 한국에서 가장 잘나가는 디저트 숍인 패션 5(Passion 5)다. 높게 걸려 있는 샹들리에, 전면 통유리, 그리고 이보다 더 압도하는 것은 이곳 건물 전체를 디저트 숍으로 이용하고 있다는 사실이다. 패션 5는 파리바게뜨, 파리크라상 등 한국 내에서 가장 영향력 있는 제과·제빵 기업인 SPC그룹이 운영하는 곳으로 그룹 내 모든 디저트 제품을 한자리에서 맛볼 수 있는 쇼룸과 같은 공간이다.

디저트 갤러리를 상징하는 이곳의 최대 장점은 바로 다양한 종류의 제품을 한자리에서 맛볼 수 있다는 것이다. 정통 프랑스 빵을 굽는 베이커리와 독일식 롤케이크 바움쿠헨, 과자류, 40여 종의 수제 초콜릿, 그리고 많은 이들에게 가장 사랑받는 부드러운 푸딩이 있다. 프랑스에서 공수한 밀가루와 식재료로 만든 다양한 디저트는 정통 프랑스의 맛을 느끼기에 더함이 없다. 그중에서도 손바닥만 한 크기의 유리병에 들어 있는 푸딩은 부드러우면서 달콤한 맛이 일품이다. 우유와 설탕의 비율을 적당히 조절해 우유의 고소한 맛이 살아 있으면서도 설탕의 감미로운 맛을 느낄 수 있다. 이곳에 들른 여성들은 조그마한 병 모양이 예뻐 하나씩 구매할 정도로 인기 있다. 병 귀퉁이에 'Life is short, eat dessert first(인생은 짧다. 그러니 일단 디저트를 즐겨라)'라고 적혀 있는 문구 또한 인상적이다.

주소 서울시 용산구 한남2동 729-74 1층 위치 한강진역에서 이태원 소방서 방향 출구, 월간미술 맞은편 짙은색 건물 문의 02-2071-9505 영업시간 07:30~21:00 휴무 없음 가격대 1만원 주차 가능

Restaurant index

경성양꼬치 254
고궁 80
고려삼계탕 92
고릴라 인더키친 14
곰바위 86
공을기객잔 262
궁연 134
기욤 280
김삿갓막국수 184
나무 224
나인스 게이트 그릴 42
나정순할매쭈꾸미 108
남산왕돈까스 104
남서울민물장어 158
논나 34
놀부 유황오리진흙구이 142
니시키 214
닭진미강원집 152
대우식당 130
더 스파이스 62
더 테이블 282
도원 250
딘타이펑 236
라브리 18
라싸브어 40
루이 256
린즈 컵케이크 292
마복림원조할머니집떡볶이 132
마장왕순대 170

목란 260
무교동 북어국집 122
문타로 206
미루키레 278
미진 154
미피아체 22
밀탑 294
백년옥 172
뱀부하우스 142
버거 프로젝트 68
베네세레 26
본가 102
봉추찜닭 106
사가리멘 202
사보텐 200
사직분식 178
삼성집 144
서린낙지 148
서초사리원 128
성북동 돼지갈비집 74
소호정 88
송원 124
송주장 244
순라길 120
순희네 162
스시조 216
스시효 218
시골집 166
시즌스 54

신승관 234
신정 164
아소산 198
아지오 36
안젤로스 파스타 30
영일식당 112
오구반점 258
오뗄두스 274
오장동 흥남집 114
오키친 56
와노 208
용금옥 98
원대구탕 90
원주추어탕 94
육회자매집 174
을지면옥 156
이문설농탕 190
전주집 188
전주한일관 140
정포 116
줄라이 58
중앙식당 72
진미식당 76
진어 220
진주회관 180
차이나팩토리 266
최대포 126
치요노유메 196
카카오봄 288

코너스톤 10
코코로벤또 210
코코이찌방야 222
테이블34 50
테이스티 블루바드 44
토다이 228
툇마루집 138
파리스 그릴 46
팔라쪼 델 쁘레또 286
패션5 296
페이야드 284
평안도족발집 182
포시즌 64
플로라 24
하늘 78
하동관 82
한옥집 146
향미 240
현경 270
혜화동 칼국수 100
홍린 242
홍연 246
홍익보쌈 160
후게츠 204
희래 150

궁극의 메뉴판

2011년 2월 15일 초판 1쇄 인쇄
2011년 2월 22일 초판 1쇄 발행

지은이 | 김필송 김한송
발행인 | 전재국

본부장 | 이광자
단행본개발실장 | 박지원
책임편집 | 성화주
마케팅실장 | 정유한
책임마케팅 | 김동준 임형준
기획마케팅 | 신재은 윤은정

발행처 (주)시공사
출판등록 1989년 5월 10일(제3-248호)

주소 | 서울특별시 서초구 서초동 1628-1(우편번호 137-879)
전화 | 편집(02)2046-2863 · 영업(02)2046-2800
팩스 | 편집(02)585-1755 · 영업(02)588-0835
홈페이지 www.sigongsa.com

ISBN 978-89-527-6039-5 13590

본서의 내용을 무단 복제하는 것은 저작권법에 의해 금지되어 있습니다.
파본이나 잘못된 책은 구입하신 서점에서 교환해 드립니다.